说瓷

DECONSTRUCTING
CHINESE ANTIQUE PORCELAIN

范冬青 — 著

唐莉娜 — 整理

上海人民美術出版社

目录

官窑 民窑
之前世

序

于无声处

范冬青女士是我敬重的古陶瓷研究领域著名专家之一。在其大作《说瓷》一书即将付梓之际，范冬青女士邀我作序，甚感诚惶诚恐。虽一再婉谢，但范冬青女士执意坚持。盛情难却，遂将我所了解的范冬青女士在古陶瓷研究领域的一些特点和所取得的重要成就介绍给大家，权且为序。

范冬青女士研究了一辈子瓷器，勤奋好学使其积攒下很多手记，现汇集成书即将付梓。这些文字洋洋洒洒，全都是读得懂的"干货"。随着喜爱收藏古董的人越来越多，收藏界也免不了鱼龙混杂。在这种时候，出一本可信度较高的权威读物，透露个中玄机，其重要意义就不言而喻了。

范冬青女士是原上海博物馆古陶瓷研究部主任。20 世纪 70 年代中叶，上海博物馆成立陶瓷研究部，她便是创建者之一。经过几代人的努力，上海博物馆的古陶瓷研究水平逐渐处于全国领先地位。文物鉴定是一门专业性很强的学科，足够穷尽研究者的毕生精力与智力。有人说，鉴定古董这一行"水很深"。其表现在两个方面：一是学问。系指在这个领域，不仅要系统地掌握社会发展史、美术史、文学史等，而且还要分门别类地在该专门学科中下苦功，搞懂、弄透其奥妙所在。如在古陶瓷鉴定中，必须熟悉每个窑口所烧造陶瓷的各类品种、不同器型，以及不同时代陶瓷器上图案、纹饰的装饰技法与演变规律。还有陶瓷器自身的胎、釉制作，窑温、气氛的变异，甚至于分量的轻重，都可能是鉴定的要点。这些知识都必须通过刻苦学习、钻研和大量实践与体验才能获得。二是人品。金钱的诱惑，考验着每一个从事文物鉴定工作者的道德底线。由于范冬青女士离开上海博物馆后常年在国际三大知名拍卖行担任古瓷鉴定顾问，所以经常有人会拿着"宝物"来求范冬青女士"松松口"，至于承诺予以重金回报者更是不胜枚举。但是从美国纽约到中国上海，范冬青女士始终没有在利诱面前作出过任何让步。更难能可贵的是，每次坐堂鉴定，不管来人是位高权重还是轻若市井，亦不管是熟人故友还是陌路闲人，她都一视同仁，仔细分析送鉴器物，逐一解疑。范冬青女士实事求是的鉴定风格，在业界有口皆碑。

范冬青女士在古陶瓷研究领域默默耕耘了几十年，建树颇多，是当今业内公认的最有成就的古陶瓷专家之一。20 世纪 60 年代中叶，刚满 20 岁的她从部队复员被分配到上海博物馆陶瓷库房工作，每天上班就是零距离接触宣德、成化、康熙、乾隆，唐、宋、明、清以及各种窑口和造型的国宝级珍贵瓷品，每每都是看个底朝天才肯罢休。库房工作对别人而言枯燥乏味，而对范冬青女士而言，诚如她自己那时候的口头禅："老鼠掉进米缸里了。"各个时代陶瓷器的造型、釉色、圈足的区别，份量的轻重，这些在鉴定中可以用到的最重要的方面和最细枝末节的关键点，她都牢牢地记在了脑子里。经过长时间的积累，她做到了像了解自己家里的家底那样，可以随口说出上海博物馆丰富庋藏中的家珍。正如业内人士所说，这就是从事古瓷鉴定必须练就的童子功。"库房的几年历练，使我基本上掌握了古陶瓷鉴定的那些重要诀窍。"范冬青如是说。20 世纪六七十年代是上海博物馆的黄金时代，范冬青女士不失时机地经常向曾经在老上海古董店里打拼出来的古董界前辈讨教，诸如沈令昕、马石甫、李鸿业等。他们虽然文化程度不高，也没有著述面世，但实战经验却极其丰富。就这样，经过不断刻苦学习和认真钻研，范冬青女士逐渐系统地掌握了古陶瓷的鉴定知识。从 20 世纪 70 年代中期到 20 世纪 80 年代末，在这十几年间，范冬青女士先后参与撰写了《中国陶瓷史》（1982 年版）元代部分，参与编撰了《中国简明陶瓷词典》，发表了《陶瓷枕略论》、《鹧鸪斑考》、《汝窑三牺尊析疑》等数十篇论文。每年除了分赴全国各地窑场考察外，还参加了浙江省龙泉县境内紧水滩（水库）工程的抢救性发掘工作。

有几个小故事能很好地说明范冬青女士在古陶瓷鉴定方面的良好悟性。第一个故事要上溯到 20 世纪 70 年代。一天，她到朋友家做客，一进门看到客厅茶几上摆放有一件大碗，碗内一泓清水养着喂金鱼的鱼虫。碗，直口，墩式，口径逾 30 厘米，高约 14 厘米，器内、外满绘青花纹饰，细沙底无釉，青花呈色浓艳、泛铁锈斑，器型硕大，制作规整。范冬青女士注视再三，反复揣摩，对友人说："我看这碗有可能是明代宣德朝景德镇御窑产品，赶快把鱼虫倒掉，收起来好好保存吧，回头我请上海博物馆的老同事来看一下。"几天后，馆内征集部门派了两个老前辈前来一起审鉴，结果不出之前所料，而且尺寸如此之大的宣德御窑碗目前存世稀少。后来，这件宝物成为上海博物馆藏品，80 年代初被选送北京参加"全国征集文物展览"。而今作为景德镇御窑厂明初青花瓷典型器，展示于上海博物馆的陶瓷陈列馆。第二个故事是在 20 世纪 80 年代末至 90 年代初，由于汝窑遗址的发现，沉寂了几个世纪的汝窑遗址之谜也终于被解开了。这引起了海内外古陶瓷界的极大兴趣。范冬青女士凭着对汝窑超乎他人的深入研究，质疑台北故宫博物院收藏的 23 件传世汝窑瓷器中的其中一件"汝窑三牺尊"是清代仿品。难能可贵的是，台北故宫博物院从善如流，经过认真研究分析后，他们认为范冬青女士的意见正确，并把这件藏品作了降级处理。非但如此，他们还根据范冬青女士的分析研究，又从原定为北宋汝窑瓷器的藏品中甄别出一件清代仿汝出戟尊。就这样，台北故宫博物院收藏的汝窑瓷器从原定 23 件减至 21 件。由于范冬青女士对汝窑瓷器研究有着非同寻常的见地，以至于移民美国后，纽约的一些极负盛名的文物机构都会经常请她去鉴定关键的古陶瓷藏品。如纽约最大的古董商 J. J. Lally 在决定汝瓷买卖时，最后的拍板权都必须交给范冬青女士。

这里不妨再略微回顾一下汝窑窑址发现的经过。那是 1986 年冬天，范冬青女士和她的同事带着汪庆正先生的指示，来到河南省宝丰县清凉寺村。因为据可靠线索，有人在这里发现了基本完整的北宋汝窑天青釉洗。11 月下旬的豫中已是霜冻寒凛，范冬青女士行走在古陶瓷研究领域前辈们前来调查窑址时走过的土地上，像他们一样苦苦寻觅汝窑瓷器的遗踪。那些翻耕种植过冬小麦的田埂、垅沟，像一条条乌龙，灰蒙蒙的，逶迤曲折。偶见有几片被翻上来的瓷片，零零碎碎。多少年前，故宫博物院的古陶瓷研究专家陈万里、冯先铭、叶喆民先生等，都曾来过这里。虽付出几番辛劳，但还是空手而归。只有叶喆民先生曾在这里捡到过一片疑似汝窑青瓷的残片，却因证据不足而使寻找汝窑遗址这项工作止步不前。这次正当范冬青女士也是久寻未果而近绝望之际，解放军部队培养出来的坚韧性格以及上海博物馆造就出来的严谨治学的态度提醒她必须坚持再坚持，耐心再耐心……功夫不负有心人，忽然，范冬青女士发现前方有一片天青色的小瓷片，她弯腰捡起，擦了擦上面的泥土，又鬼使神差般地把瓷片翻过来，一枚细小支钉突现眼前，这不就是具有汝窑瓷器特征的"芝麻钉"吗？范冬青女士喜出望外，抬头望了望四周的环境，并用照相机记录了地理特征——清凉寺庙，遂招呼一起来的同事，又捡了几片这类瓷片，连夜赶回上海。没想到汪庆正先生看了后说："这些瓷片还不足以证明窑址就在宝丰县清凉寺村，因为你们没找到窑具。"于是，一个星期后，范冬青女士又与同事折回宝丰县清凉寺村。经过仔细寻找，终于在这片冰冻的土地上发现了支钉垫圈、火照等窑具，以及43片大大小小的汝窑青瓷残片。第二年，由上海人民美术出版社出版《汝窑的发现》，向全国宣告沉寂千年的汝窑遗址被发现了。其间，86年12月下旬，正值上海博物馆建馆35周年馆庆，全国各博物馆均应邀派代表参加庆典活动。在庆祝会上，上海博物馆把刚发现汝窑的消息通报给河南省的代表。翌年，河南省文物考古研究所便在宝丰县清凉寺村开始较大规模的考古发掘，北宋汝窑遗址终于被彻底地揭开了神秘的面纱。

　　20世纪90年代初，范冬青女士移民到美国。在此期间，她曾任纽约布鲁克林博物馆、华盛顿史密桑宁学会、弗利尔美术馆和马里兰大学博物馆特约研究员。她把收藏在这些博物馆中的中国古代陶瓷逐件进行甄别研究并撰写研究报告和专题论文，使中国陶瓷文化在异国他乡得以发扬光大。在美国居住近十六年的时间里，她先后受聘任职于当今国际上最负盛名的苏富比纽约(SOTHEBY'S New York)和佳士得纽约(CHRISTIE'S New York)两大拍卖行的中国艺术部顾问，专门从事中国古陶瓷鉴定，经手过的古董数以万计。2008年，从纽约退休回到中国后，又被聘为中国嘉德拍卖行上海办事处顾问，继续从事古陶瓷鉴定工作。因此，像范冬青女士这样不但有东、西方文物古董行业历练经验，而且又先后担任过国际三大知名拍卖行掌眼的中国人，实在是为数极少。

　　今天，范冬青女士将其五十多年研究中国古陶瓷的心得结集成书，终成《说瓷》出版，不啻是当今古陶瓷研究领域的一大喜事，谨表祝贺。

　　真心希望范冬青女士的《说瓷》，能受到广大古陶瓷专业研究人员和收藏爱好者的喜爱。

故宫博物院　吕成龙
2018年6月8日于北京

官窑系

 / 定窑

 / 汝窑

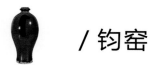 / 钧窑

 / 官窑与哥窑

定窑

中国嘉德香港分公司有这样一个信息，那年的嘉德香港春拍，有四件定窑的拍品将来上海巡展。也就是说，如果高古瓷开放的话，我认为最有市场潜力的就是定窑瓷器。

宋代五大名窑里，官窑和汝窑因为数量太少，不大有可能出现在拍卖会上。而钧窑、耀州窑、越窑、定窑都有可能出现。那么鉴于这种情况，我认为我们的讲座首先就从高古瓷着手。先介绍下宋代的五大名窑，也就是我们都熟悉的汝窑、官窑、哥窑、钧窑、定窑。五大名窑的概念从明清确立以来一直沿用至今，大家一提到中国高古瓷中最值得收藏和投资的就是这五大名窑。在五大名窑之中汝窑和官窑数量比较少，烧造时间比较短，也因为都是专供官用的，所以在民间较为少见。而定窑不是一个由官府控制的窑场，而是民间的窑场，其中烧造比较精美的瓷器会进奉到宫廷里，供皇帝和高等级的官员使用。同时，民间的百姓也有机会使用定器，当然普通的百姓可能也没有这样的财力去使用定窑瓷器，使用者还是要有一定的等级，比如知识分子和士大夫等上层、中层的人才可以使用。从现在的考古发现来看，定窑烧造瓷器的时间比较长，它开始于唐代的中期，经过五代、北宋、金代，一直延续到元代，大约烧造了五六百年。它是一个民间窑场，最好的东西进宫，其他的日常器物则留在民间，甚至销往海外。所以定窑的存世量还是比较多的，如果现在开始收藏还是可以的。而汝窑和官窑烧造时间不长，是官样型制，所以数量很少。2015 年，故宫博物院为了庆祝建院 90 周年，特举办了一个专门有关汝窑的展览，同时出版了图录《汝瓷雅集》，全世界传世的，也包括出土的（当然是那些出土时间比较早的），汝瓷遗珍仅 90 件。物以稀为贵，所以今后即使拍卖会上有汝窑出现，必定"天价"，故收藏概率极小。还有就是南宋的修内司官窑和郊坛下官窑，窑址在今天的浙江杭州，都是专门烧造宫廷用器物的，所以数量也不多。一直到现在，官窑也很难在民间看到。但是钧窑是可以的。还有不在五大名窑里的，比如说耀州窑，还有磁州窑，南方景德镇的青白瓷，以及越窑、吉州窑、建窑等，这些都是民间的窑口，烧造的精品是进宫的，而且烧造的时间长，流通的范围也比较广，数量还会多一些。这就有可能在今后政策开放的情况下去收藏和在市场上流通。

今天主要讲定窑。定窑是宋代很著名的北方窑口，一直与汝窑、官窑并列。最早宋人的记载就有汝窑、官窑、定窑，而且定窑是宋代五大名窑里唯一烧造白瓷的窑口，其他的四个汝、官、哥、钧都是烧造青瓷的。定窑的窑址在今天的河北省曲阳县灵山镇涧磁村、北镇村与东、西燕川村。这些都是定窑的产地，这两个地区烧造的时间不尽相同。涧磁村和北镇村从唐代一直烧到金代，东、西燕川村从北宋中期开始一直烧到元代。所以对定窑的两个区域来说，不是同一时期在烧造，有早、晚的时间差别。曲阳在宋代的时候属于定州管辖，所以历史上就把这个地区所生产的瓷器叫做定窑。从目前对定窑的研究情况来看，材料主要来自四个方面：

图一　定窑孩儿枕

1. 传世实物

定窑的传世品主要集中在故宫博物院和台北故宫博物院，大多是清代宫廷收藏（图一）。还有一些大博物馆，如上海博物馆以及各地省、市级的博物馆，基本上都有定窑的收藏。

2. 历史文献

有关定窑的，比如说有官方的《宋会要》等及地方志，还有当时一些文人的著述。这个也是研究的一个方面，可以和现在的研究互相引证。

3. 考古资料

从 20 世纪 50 年代以来，各地墓葬、塔基地宫、窖藏等出土的定窑瓷器。

窖藏，就是古人因为战争、迁徙等特殊情况，就把自己没有办法带走的瓷器埋藏起来，之后被我们现代人所发现。这种情况也有不少，例如很有名的江西高安窖藏，出土了一批元代青花、釉里红瓷器。

墓葬，分为纪年墓和非纪年墓。纪年墓就是在一些高等级的墓葬中会有墓志铭记录墓主人的生平、生卒年月、做过的官职等，我们就可以通过这些介绍知道这一批器物是在墓主人下葬之前所制作的，这个对我们研究瓷器来说是很好的材料和断代标尺。

地宫，比如说在河北定州有两座塔，地面上的塔已经不存在了，但是下面的地宫还存在。寺庙塔的地宫里安置的是舍利，一众僧、尼及信徒出资捐物，施舍奉纳。这两个塔所在的寺院，一个名静志寺，另一个名净众院。一个出土了110 多件，另一个出土了50 多件，两个地宫一共出土了170 件定窑的器物。两个地宫都有纪年器，记载着是哪一年纳入地宫的供品（图二）。这种有纪年的材料对于我们研究定窑是最有用的，可以进行排比、断代、分期。

4. 窑址发掘

新中国成立以后，对定窑有多次窑址的发掘和调查。

图二 定窑龙首净瓶

过去有规定，我们去做窑址调查是不可以"动土"的。所以上海博物馆当时去河南宝丰清凉寺调查时，只能在地表采集一些瓷片、窑具做标本，因为这里是河南的地盘，唯本省才有权"动土"，我们只能做调查，不可以挖掘。汝窑就属于在调查中发现的。对定窑有近十次考古发掘和两次窑址调查，最早的是故宫博物院陈万里先生。经过发掘和调查之后，不断地有新的资料和新的发现来充实对定窑的研究。

上述的四个方面是古陶瓷研究的重点，缺一不可，否则研究就不可能深入。只有把传世品、文献、出土物、窑址成果结合起来研究，才可以掌握好古陶瓷的知识。应该说在古陶瓷的研究方面，定窑具备了这四个条件，所以说国内学界对定窑的研究还是比较深入的。

定窑烧造的时间比较长，从唐代中期开始，经过五代，到北宋早期的发展，在北宋的中晚期到金代达到了鼎盛期。而且在这个时期创烧了具有定窑特色的风格，所以我们应该关注的就是北宋中晚期到金代的产品，那是值得去收藏的。当然其他时期的也是可以收藏的，只是作为投资来讲，不如我刚提到的北宋中晚期到金代这个时段的有价值，因为这个时段的定窑产品是最精彩的。北宋中晚期到金代的鼎盛期创造了定窑自己独特的风格，我们也可以叫它"定窑风格"的瓷器。何为定窑风格？什么样的瓷器具备了定窑的风格？归纳一下，也是四个方面，就是这件瓷器要具备"胎薄、釉柔、花瓷、芒口"四个特征。如果遇到一件白瓷，判断其是不是好的定瓷，用这四个词汇就可以判断。

胎薄。器物里面的叫做胎，外面上的一层透明光亮的叫做釉。定窑的胎泥原料是产自当地的灵山高岭土，当地人把这种可以制作瓷器的高岭土叫做白坩子土。北方人通常把瓷土叫做坩子土，坩子土里一般含有一些杂质，不是那么白，但是灵山的坩子土非常洁白，所以也叫它灵山白坩。因为它比较纯净，所含杂质比较少，特别是含铁量极低（低于 1%，大概在 0.58%）。而且灵山的高岭土经过现代的科学测试，它的含铝量比较高，所以在器物成型的时候，它的胎体才可以做得薄。

如果要把它烧成瓷的话，它需要比烧造一般的瓷器有更高的温度。一般陶瓷烧造的温度都在 1200 摄氏度以上，超过 1200 摄氏度就可以烧成瓷器了。其他的窑口大概都在 1250 摄氏度左右就可以烧成很好的瓷器。但对于定窑来说，因为其胎体含铝量高，所以要把它烧结需要更高的温度，大约在 1300 摄氏度左右。温度较之其他的瓷器烧造要高得多，汝窑就是 1180 摄氏度就可以了，普通的达到 1250 摄氏度也就不错了，但是定窑要达到 1300 摄氏度。1000 摄氏度以上的窑，温度要上升一点亦不容易，1300 摄氏度要比普通瓷器烧造的温度高 50 摄氏度，应该说已经是很高的温度了。这与定窑所使用的胎泥很纯净，杂质少，铁含量低，铝含量高有关。烧成以后它的胎体的瓷化程度很高，胎薄，体量会较轻；因为胎土中铁含量低而呈白色；还有它的胎质地很细腻。从瓷片的断面我们可以看到其瓷化的程度很高，给人一种很糯的感觉，这与其胎和烧制温度都有关系。

就是因为胎中的含铁量比较低，在高温下才可以烧成白瓷。所以定窑瓷器的鉴定，首先看它是不是白瓷；其次看它的胎体是不是很薄，分量是不是很轻。如果这两个条件都具备了的话，就可以大致判断是定窑。这就是我们讲的"定窑风格"的第一个部分，薄胎及其形成的原因。

釉柔。为什么不讲它白而要说它柔呢？过去上海博物馆做陶瓷陈列的时候，设计定窑的展柜，要告诉观众定窑有"胎薄、釉柔、创烧覆烧新工艺"这么几个特点。定窑的釉不是白，是透明，它本身像玻璃一样透明。白瓷是因为它的胎是白的，外面罩上了透明釉，所以给人呈现出白色的效果。那么为什么我们不讲定窑的釉白而讲釉柔呢？因为定窑在形成自己风格的时候，它釉色的白不是雪白和那种给人很刺眼感觉的冷白。它是一种暖白，暖白就类似于我们家里使用的电灯发出的光，白中偏黄，这种光给人柔和与暖和的感觉，而日光灯则是一种冷白。

瓷器也是这样，我们叫它白瓷不是因为它的釉是白的，而是因为它的胎是白的。定窑的白与景德镇青白瓷的白是不同的，景德镇青白瓷的白是一种冷白，定窑的白是一种柔和的暖白，这种白不刺眼。那么它是在什么情况下形成的呢？白瓷如果它的呈色是温润偏黄，这种我们一般叫它"象牙白"或"牙白"。形成牙白的原因就是定窑在当时烧造时所使用的燃料是煤，不是柴，也不是现在烧窑用的液化气和电。古代烧窑的燃料有两种，一种是柴，另一种是煤。定窑在其风格形成以前它是烧柴的，烧柴是烧不出暖白的。宋代在当地发现了煤炭资源，开始使用煤作为燃料。煤燃烧时的火焰比较短，容易烧成氧化气氛，就是说进去的空气比较多。所以整个窑内的气氛含氧量比较高，氧气进入窑炉内与胎、釉之中的铁元素结合以后就会产生三氧化二铁，呈色就会白中偏黄一些。如果空气进入少，氧气含量低，就会形成还原焰，胎、釉中微量的铁就会生成氧化亚铁，颜色白中闪青。

芒口。芒口也是定窑的一种重要的风格，定窑创烧了支圈组合覆烧工艺，留下的一个特征就是"芒口"——器皿口沿无釉（图三）。带芒口的器物通常是盘、碗、洗、碟等，这类器物行话叫做"圆器"，只有圆器才可以覆烧，就是把一件碗翻过来烧，使口朝下，圈足向上，就是"覆烧"。还有除了这些圆器以外，其他的叫什么呢？如瓶瓶罐罐之类，这种立体的器型就叫做"琢器"，琢器是不能覆烧的，因此无芒口。

图三 定窑酱釉刻花碗（芒口）

还有一个重要的特征——花瓷。花瓷很容易解释，就是装饰有花纹的瓷器。定窑装饰的方法主要有刻花、划花、印花、剔花和镂雕等。

划花，是用一种尖状的工具，在胎上划出图像（图四）。线条细细的，没有粗细和深浅的变化，这种叫做划花。

图四　定窑划花枕

刻花，以刀代笔，斜刀切入。刻花有两种，一种叫深刻，一种叫浅刻。深刻就是图案有浅浮雕的效果，用刀犀利，线条挺拔，图案浅浅地浮现器表，很多器物上的莲瓣纹就是深刻（图五）。浅刻就是在器物里、外，还是斜刀操作，线条有粗细、深浅的变化，也是一种刻花。浅刻一般来说，纹饰很清晰，线条很流畅，但是往往构图比较疏简，不是很繁密（图六）。通常刻花和划花可能同时在一件器物上使用，一件器物上可能既有刻花也有划花，是代表定窑风格的重要装饰手法。

图五　定窑刻莲瓣纹碗

图六　定窑刻花盘

图七 定窑刻划花盘

更加强调定窑风格的是刻花和篦划纹相结合，一种梳齿排列比较紧密的梳子，叫做篦子，定窑的这种纹饰好像用篦子类工具划出来的若干条平行细线，与刻花结合在一起，这在定窑中经常可以看到，也可以说是必须要具备的。篦划纹也是划花的一种，是数条平行线连在一起，像是用篦子划成的，故称为篦划纹。比如说它刻划了一朵莲花或是牡丹，在花瓣间就是用篦划纹来装饰，叶子上也有类似的纹饰，像叶脉一般，利用这种线条可以使花朵枝叶显得更加饱满（图七）。另外这种纹饰亦会出现在水禽的题材中，用来表现水波纹。还有就是等级比较高的龙纹。龙

图八 定窑刻划水禽图盘

的周边有云气，也是用篦纹划成的，可以给人一种流动感（图八）。总之，刻花结合篦划的装饰工艺，一般只出现在定窑制造水平比较高的时间段内。

下面讲印花。印花，是将花纹先刻在模子上，然后再翻转到器物的胎体上。印花花纹是在模具上阴刻而成的，翻印到器物上纹饰就会凸起来（图九）。刻花、

图九 定窑镂雕枕

划花都是凹下去的，印花是凸起来的。印花模子制作好了之后，可以重复印制器物，所以同一个图案的器物可能会见到很多件（图十）。但是刻花和划花不可能有完全相同的两件，就像我们现在画家作画一样，即使是同一个画家，也不会创作出两幅一模一样的画作，但是印花可以。不仅两件，还可能多件。由于刻花、划花对技术要求比较高，所以制作者在刻花、划花的时候没有办法使得图案很满，但印花采用的技术不同，可以让构图变得比较丰满，很有规律，比如图案有三层（图十一），题材丰富多样，而刻、划花的图案题材就会比较少。

图十 定窑印花碗

图十一 定窑印花碗

　　相对来说印花中会多动物的图案，比如大雁、孔雀、鸳鸯、螭龙（亦叫做螭虎龙）。注意螭虎龙是没有爪子的，龙生九子，其中一个是螭虎，头有点像牛头，但也是龙的一种。印花还有鱼、狮子、犀牛、鹿等。印花模子除了可以印制图案以外，还可以塑形。统一规格尺寸，是为了适应支圈覆烧工艺。这种覆烧方式要求圆器必须是统一规格尺寸的，所以凡是印花的瓷器一定都是芒口，因为印花瓷器成型后适合覆烧。

图十二 定窑鎏金银扣洗

当时烧造出来的芒口器物，为了使用方便和彰显使用者的身份和地位，往往要用金属扣把芒口给包裹起来，这种金属扣根据不同的材质分为金扣、银扣和铜扣，也有银鎏金或者铜鎏金，镶嵌在芒口的口沿上（图十二），这种就叫做"金装定器"。"金"就是指金、银、铜等金属。

经过多次的考古发掘，在定窑窑址出土了七件带有纪年的印花模子，年号是从"大定"到"泰和"，属于金代中晚期，成为定窑印花器物断代的依据。出土的七件印花模子，每个模子上都有图案与纪年，这几个印模就是断代的标准器。

下面讲一下覆烧。覆烧是把器物倒过来装烧，口部与支圈接触，为了防止器物口部与支圈的粘连，器口都做了刮釉处理，所以器物的口沿是没有釉的。而正烧的东西，底足是没有釉的，与有芒口的器物正好相反。覆烧是定窑首创的，用支圈把器物支撑起来，支圈内部中空，底下放一个支圈，倒置一件瓷器，然后放第二个支圈，再放入第二件瓷器，以此类推，一层一层叠压上去。那么覆烧有什么好处呢？刚才讲正烧的话，一件匣钵只能放一件瓷器，覆烧的话，装烧量可以扩大到四至五倍，从而增加产量。除了定窑以外，景德镇窑也采用覆烧，这种装烧方式所占空间小，可提高生产率。

再总结一下定窑的风格，就是胎薄、釉柔、花瓷、芒口，如果看到定窑器具有这种风格，那么它的时代就是北宋中晚期到金代，其他时期的定窑瓷则不具备这种风格。

接下来从台北故宫博物院收藏的瓷器来看过去清宫收藏定窑器的原则。在

2014 年台北故宫博物院举办了院藏定窑瓷器的特展，展出了清宫旧藏的瓷器，展名为"定州花瓷"。台北故宫博物院藏定窑白瓷 800 件，其中八成以上，即超过 600 件是有花纹的，展览中展出的基本上都是有花纹的瓷器，也就是说当时清宫里面包括乾隆皇帝在内都喜欢这类瓷器。乾隆皇帝很喜欢古陶瓷，为此写了很多御题诗，有 200 多首是写瓷器的。他写了以后还让人把诗刻在瓷器上面，再在字中填充朱砂或者金粉。所以可以从这里面看出，清宫里面的收藏也是具有定窑风格的精品。

故宫博物院藏的定窑芒口瓷器镶嵌金属边扣，是纯金的。这种金扣、银扣、铜扣根据使用者的身份而定，等级最高的皇帝就可以使用金扣、银扣，如果是一般的人家，就会使用铜扣。用金属镶包芒口，一方面方便使用，另一方面也代表了使用者的身份和地位。

古人收藏的定瓷主要是花瓷，但是不会收藏定窑里面的黑定和紫定，因为当时对这类器物的认识还不够，以为定窑只生产白瓷，所以我们看到故宫博物院里收藏的都是白定。而现在窑址发掘中出土了黑定，也有紫定。

定窑可能 90% 以上是白瓷，但是亦烧黑釉和紫酱色釉品种。明代早期有上海松江人曹昭，他是当时很有名的古董商，写了一本书叫《格古要论》，里面就讲"有紫定色紫，有黑定色黑如漆，土俱白，其价高于白定"。紫定和黑定与定窑白瓷所使用的胎泥原料是一致的，所以我们看到黑定和紫定是黑釉和酱色釉，但是底足露胎的地方是雪白的。定窑的胎非常好，其他窑口没有这么好的胎。

黑定传统上是不收藏的，但是现在黑定和紫定的价钱是高于白定的，因为数量少。这是一件黑釉塔，每层塔檐靠得都比较紧密，类似于辽代密檐塔的一个模型（图十三）。20 世纪，曾经在河北香河栖隐寺塔基出土了一件白瓷塔，所以把它定为辽白瓷，其实是一件定窑产品，这个地宫是有纪年的——统和廿四年 (1006

年）。再看这件黑定塔下面的胎，外面有泥土的土沁，相信里面应该是白胎，这件东西上手的分量感觉很好，老的东西差不多就是这个分量。古代是手工炼泥，拉坯成型。因为是人工做的，总是不完美，里面有空隙，有杂质，经高温烧成，胎、釉里面的气体不可能完全排出。现在的仿制品，炼泥都是用机器，会把里面的杂质、气泡都去掉，胎体比古代的致密很多，所以现在制作的通常会比古代的重。这件是塔的模型，功能是供奉舍利，因为有地宫出土的白釉塔可以做例证。

图十三 定窑黑釉密檐塔

以后大家做收藏，大部分的器物都不会是传世品，基本上都是出土的。没有人会把当时实用的东西保存好，一代一代传下去，只是凭借入藏地下，或陪葬，或供奉，或窖藏，待日后被人发现，被人珍藏（图十四）。所以高古瓷的器表上大多会有出土的痕迹（如：土沁、水渍等）。

图十四 定窑黑釉蹲狮

这件是宋代贵族宴请时所使用的渣斗（图十五），就是吃饭的时候吐放食物残渣的，说明宋代大户人家生活比较讲究。这上面的是刻花。我刚才说了，只有圆器才能覆烧，但是琢器，像瓶子之类的是不可能覆烧的。这个渣斗也不可能是覆烧的。不过我们看到它镶口了，高贵人家使用的东西会通过镶口来体现身份。它烧造的时候还是正烧的，底部露胎没有釉，所以镶口不一定代表芒口。

图十五　定窑刻花渣斗

这也是一件琢器，所以琢器不能印花，只能刻花划花，上面的花纹就是划的，比较轻，线条的粗细一样。很多定窑瓷器上刻花和划花都有，也有几条平行线的篦划纹，篦划纹可以使花纹更加饱满，否则会显得单薄。这是定窑风格的东西。我们看它的胎也是不错的。定窑还有这样一个问题，基本上90%以上底部上釉都不完美，因为有可能会认为这个是在底部，无所谓。就像这件琢器的底足，有一半有釉，另一半却没有（图十六）。定窑足底常见漏釉、聚釉(泪痕)、划釉，即率性为之，也是当时的工艺特征之一。

图十六　定窑瓶底足

在定窑窑址出土的七个模具里面，有一个碗模具是泰和六年制作的，即为六分格花卉图案。模具比较简单，仅需刻出六条阴线，器物成形脱模后，在内底刻划一枝莲花（图十七）。在定器里面刻一花一叶的简单组合是金代晚期装饰工艺，如果是北宋至金代早中期的莲荷，则大花大叶，缠满空间，不会有一花一叶单调的组合。

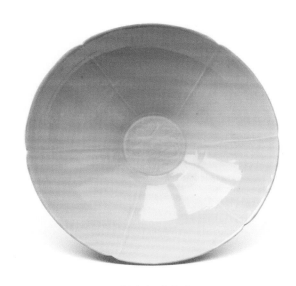

图十七 定窑碗

这件碗底下有一个"官"字（图十八），当时肯定也是官府在定窑订烧的，但是最后烧出来有瑕疵，被淘汰了，流落到了民间。

图十八 定窑"官"字款

定窑的圆器也有不是覆烧的，口沿部分有釉，是正烧的，底足垫个垫饼，再放入匣钵内烧造，在器物的外面和器物的里面都有刻花，这种两面饰是北宋晚期宋徽宗时期流行的，其他的都是一面装饰。覆烧不覆烧看底足就可以知道，底足有釉的就是覆烧，底足没有釉的就是正烧。

图十九　定窑酱釉刻萱草瓶

这上面刻的不是莲花。定窑流行莲花和牡丹，还有比较多的是萱草（图十九）。宋代人的萱草就是我们现在的"金针菜""黄花菜"，当时叫萱草，也叫宜男草，有生男的意思。它的样子有点像莲花，但是它与莲花的区别是：莲花一定要有荷叶，萱草是没有的。这种上面像莲花一样，下面没有荷叶的，就是萱草纹，在宋代的时候比较流行。

金代的时候盛行覆烧、印花。比如模印的菊瓣盘，里面印花两只飞雁，飞雁嘴里衔着一枝花卉，有时候可以是莲花或是菊花。我们把这类纹饰叫"鸟衔花"，这个是金代的图案。比如大雁嘴里衔着菊花，有时候也会衔着芦苇，"雁衔芦"也是金代常见的纹饰。

这类也是芒口，如果当时使用的话，镶的扣可能掉了，也可能没有镶扣，但是它的底部上釉总是有一些不到位，这个是定窑的特征，但是一般都在器物底下，也无所谓。

还有就是从窑址出土的几个模具和两岸故宫博物院收藏的那些印花定器来看，这种金代印模的花纹应该都是宫里给的纹样。宋代有一本书叫《营造法式》，里面就说到在做建筑的时候都有飞雁、孔雀、凤凰等比较高贵的瑞鸟，而像猫、狗是不会出现在上面的。又如当时的官员，穿的衣服上绣饰的就是瑞兽。定窑印花模子还有刻云龙、螭虎、婴戏纹的，通常男童手持莲花，这种就叫太子玩莲，其实就是想要生男孩的愿望，或者叫莲生贵子。像犀牛、仙鹤、狮子等动物在印花里面亦有见。

定州这个地方在宋代的时候，丝织品中高等级的叫缂丝，缂丝技术在定州非常发达，每年都会进贡朝廷。定窑的印花图案很富丽堂皇，带有瑞兽瑞鸟的，源于丝织品里的图案，定窑的印花则从那里借鉴过来。所以定窑的印花没有一个从简单到复杂的发展过程，它从一开始就很成熟，可能就是借鉴了缂丝的图案。

比如有一种花纹一定是金代的，那就是器物口沿处有一圈回纹，这是金代定窑独有的纹饰特征。

还有就是有一种罐子，口沿处有釉，说明不带盖子，这就是独立的一个罐子。但是罐的口部要是没有釉的话，说明它应该配有盖子。这样烧造的时候，罐就不会和盖子粘在一起。

定窑，过去我们会讲到有"泪痕"和"竹丝刷纹"，其实都是工艺遗痕，可以作为鉴定的要点之一。这是在宋代很流行的酒盏和茶盏，这盏托虽然小，但是很精彩（图二十）。盏内刻了两条鱼，眼睛很生动，点了褐彩，很精神。这件的胎也很白，温度烧得比较高，所以釉表面没有什么气泡，亮度很高。

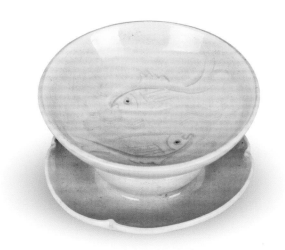

图二十 定窑刻花双鱼纹盏托

图二一　定窑紫釉瓶

这件是紫定，胎色白，酱色釉（图二一）。真正认识紫定，是在江苏镇江北宋熙宁四年(1071 年)章岷墓出土了两件酱色釉梅瓶。那时候才知道熙宁四年就已经烧成了紫釉品种。紫定和黑定总的来说因为釉不透明，所以它上面的装饰很少。

这里特别要介绍的两件东西，从现在查找的资料中都没有发现过，依照我刚才讲的定窑风格，判断它们是定窑的产品没有问题。如果以后看到类似的东西赶快下手，将来的价值是不可估量的。一件定窑的黑色釉，上面点洒了做胎的高岭土泥浆，这个品种是釉面烧融化了以后才出现的，胎表面是氧化后泛黄，里面一定是白胎，根据胎薄、釉柔等特征就可以判断这是件好东西。它的分量轻，器型也很规整。这个品种目前大家都还不太了解，存世品极为罕见，仅知河北博物院收藏有一件笠式碗，此碗 1955 年于河北石家庄赵陆铺出土。

这件东西是窑址和传世品中都没有被报道过。上面的图案就是我们之前讲过的水塘游鸭题材（图二二）。这种画法和篦划纹都是符合定窑风格的，它的胎很白，还上有一层黑色化妆土，再剔划出花纹，这个胎非常好。这件是孤品，几乎所有的特征都符合定窑的要求。我认为这种东西，过去如果有的话，可能放在磁州窑的范畴里面。磁州窑是施化妆土的，但是定窑有时候也会使用，尤其到金代的时候也试着烧磁州窑风格的东西。把黑色的材料和化妆土（高岭土）调和在一起，即成为黑色化妆土，在其上划出图案，剔去花纹外的黑色化妆土，露出白胎为地，上面再施上一层透明釉。它的胎白，分量适宜，有篦划纹水波以及在定窑流行的双鸭小景。它是定窑中很特殊的品种，是一件好东西。

还有一种是上低温绿釉的，叫做"绿定"，不见于文献记载。窑址调查时觅得绿釉刻花龙纹瓷片标本一件，白胎及刻划龙纹与白定完全一致。"绿定"需要两次烧成，先高温成瓷（涩胎），再低温烧釉，工序稍繁，故"绿定"亦不多见。

图二二　定窑剔花游鸭图梅瓶

问：

这些都是真的，我们该如何定价？什么样的价格我们可以下手？什么样的价格是比较合理的？

其实文物的价格真的不好说，何谓合理？何谓比较合理？比如一件古瓷的价格，它要受到若干方面的制约。首先是典型性，或者说是工艺性，是否具备某窑场或某品种的工艺特征与时代风格。其次是艺术性，器物的造型与装饰艺术是否超群出众，匠心独运。再次是完美性，或者说品相如何。最后是稀缺性，东西存世量的多与寡，抑或孤品。以上几方面的条件都不错的话，价格高些也可以拿下。收藏的理念是不怕买贵，只要买对。对的、真的东西买进来以后肯定会升值。当然你和对方要价格拉锯，尽可能用最低的价格买入，你就赚了。但是首先要练好自己的眼力，才有可能捡漏，否则也有可能打眼。价钱不贵，垃圾一堆，此类收藏就没有意义了。

定窑刻花杯口净瓶 北宋

高: 32 cm 口径: 9 cm 底径: 7 cm

定窑刻花花口瓶 宋

高: 23.5 cm 足径: 7 cm

定窑紫釉碗 北宋

高: 6.5 cm 口径: 18.5 cm 足径: 4.5 cm

定窑紫釉瓶 北宋

高: 12.5 cm 口径: 6 cm 足径: 5.5 cm

定窑紫釉梅瓶 北宋
高: 27 cm

汝窑

一、汝窑的发现

宋代五大名窑我们都已经有了一定的了解，古人讲在五大名窑中"汝窑为魁"，也就是说汝窑是名列第一的。

目前经过权威研究机构比较客观的统计，海内外博物馆和私人收藏的汝窑瓷器加起来总共不足 100 件，这是故宫博物院建院 90 周年庆出版的《汝瓷雅集》图录中所统计出来的，一共是 90 件。如果仔细观察和分析这 90 件汝窑器物，其中有一些品质并不好。比如说故宫博物院新征集的汝窑鹦鹉形的壶，就是个残件，不过也算作一件。还有广东省博物馆收藏的椭圆碟，实物只残留下一部分，其余都是修复的，而且依我看来这件还不是汝窑瓷器，应该是河南汝州张公巷窑的产品。张公巷窑址发掘以后曾经专门开过学术研讨会，大部分专家认为它是北宋官窑，并不是汝窑。

所以目前我们能看到的存世的汝窑瓷器应该不到 90 件。元青花瓷现在发现有 400 多件，而汝瓷比元青花瓷还要少很多，由此可见其珍稀程度。当然统计的这 90 件中不包括本书封面这一件，因为这件还没有发表过，所以没有被统计进去。我想再加上这些没有公开发表的民间收藏，存世汝窑器应该会超过百件。

　　汝窑是宋代五大名窑中保存瓷器数量最少的，那么作为一个中国古陶瓷的爱好者，如果能有机会亲眼目睹，或者上手品鉴一件汝窑瓷器，我觉得也是莫大的幸运和满足。我作为一名曾经的博物馆工作者（1966 年进入上海博物馆，1992 年离开上海博物馆去美国），能亲身参与到发现汝窑窑址这个中国古陶瓷研究中的重大事件，我觉得这是我的幸运。

　　汝窑窑址发现以前，我们能看到的就是上海博物馆收藏的 8 件汝窑瓷器（盘器、洗器），全部都是传世品。但是在窑址发现与发掘后，又给了我们很多新的启示。现在认为上海博物馆收藏的这 8 件汝窑瓷器也不只是传世品，应该也是出土的，只不过它们不是在最近出土，也许是窖藏或者窑址附近出土，出土的时间可能是明末清初，也可能到清代晚期或者民国时期。

　　在发现汝窑窑址之前，都认为这 8 件汝瓷是从北宋宫廷弃用以后，经历朝历代传承下来的。但是，现在发现了汝窑窑址，又经过了多次的发掘，回过头来再去看上海博物馆的这 8 件汝瓷，也包括故宫博物院、台北故宫博物院的收藏，其实这里面也不都是代代相传，流传有绪的，也有的是后世出土的。只不过出土的年代有早有晚，有的可能早到元末明初，有的可能晚到光绪年间、民国时期。清乾隆皇帝赏玩汝瓷的时候，清宫内府至少已经收藏了五六十件。因为帝王喜好，也促使地方的官员会在各地收集后送进宫廷里去。若仔细察看这些博物馆收藏的所谓"传世品"的汝窑瓷器，其中很多都有出土的痕迹。

　　上海博物馆是在 1986 年年底的时候发现汝窑窑址的，今年是 2018 年，是汝窑窑址发现 32 周年。三十多年前，汝窑的研究主要是集中在两岸故宫博物院、上海博物馆以及大英博物馆和大维德基金会的藏品。其中大维德基金会收藏有 12 件汝窑器，大维德爵士去世后，这个基金会因为缺乏资金难以维持，后来这批藏品就委托大英博物馆管理。大英博物馆自己还收藏有 5 件汝瓷，所以现在一共收藏有 17 件汝瓷。

　　三十年前研究汝窑，一要研究这些传世品，二要根据历史文献的记载。最早北宋时徐兢《宣和奉使高丽图经》中有记载，他出使高丽时见到了高丽青瓷与"越州古秘色，汝州新窑器，大概相类"。这就表明最早在北宋晚期时，人们就已经谈到汝窑瓷器了。到了南宋时期，叶寘《坦斋笔衡》记载："本朝以定州白瓷器有芒，不堪用，遂命汝州造青窑器，故河北唐、邓、耀州悉有之，汝窑为魁。"也就是说定窑瓷器口部无釉，使用起来不方便，宫廷就命令汝州烧造青釉瓷器。说明汝窑是代替定窑烧造御用器物的。

　　20 世纪 50 年代以来，我国古陶瓷学界以及考古学界都想方设法寻找汝窑的窑址，但是可惜就是找寻不着。汝窑窑址究竟在哪里？便成为了世界陶瓷史上的一大难题，这也是中国陶瓷史上的一大"悬案"。类似的"悬案"还有好几个，比如说"柴窑"的问题，现在还是没有解决。柴窑的窑址、产品的面貌我们都不清楚，虽然现在有很多人写文章、出图录说自己收藏有柴窑，但是都不可信。真正被公认是柴窑的东西目前还没有出现。"哥窑"也没有解决窑址问题，还有"北宋官窑"的问题，这些在陶瓷发展史上至今都是没有解决的"悬案"。南宋修内司官窑的问题在三十年前没有解决，后来，1998 年—1999 年时，在杭州凤凰山老虎洞才找到修内司官窑的窑址。这样算来，过去陶瓷史上的悬案，有两个已经解决了。

　　讲一下是怎么发现汝窑的吧。1986 年 10 月下旬，上海博物馆副馆长汪庆正先生是当时中国古陶瓷研究会秘书长，研究会会长是故宫博物院的冯先铭先生。当时中国古陶瓷研究会的年会在西安召开，那一年年会的主题是陕西铜川耀州窑，在那里有新的考古发现，所以邀请了全国的专家、学者等在现场开这个年会，主要是对耀州窑发掘成果进行鉴定和交流。

　　每年年会快结束的时候，研究会的领导都会讨论下一年年会的主题和召开的地点。汪馆长因为是秘书长，所以是要参加这个研讨会的。不凑巧的是，之前上海市委宣传部通知上海博物馆有重要的外事接待任务，所以汪馆长要提前离会。两天的会开好后，第三天的早晨吃过早饭，汪馆长准备离开，接送他去西安飞机场的轿车已经停在了现场。就在出发前的那一刻，有一个参加会议的人说有一件东西要请他看一下。这个人就是河南宝丰瓷厂的王留现。得到汪馆长同意后王留现赶紧回房间，拿了一件东西过来。那是一件典型的汝窑洗子，汪馆长被惊得目瞪口呆。因为除了在博物馆见到过汝窑器外，那个年代在外面几乎是看不到汝窑瓷器的。有人形容当时汪先生"两眼放光"，他马上很敏感地察觉到汝窑窑址可能要被发现了。汪馆长问了他的姓名和单位，告诉他说自己认为它是汝窑，让他把这件东西给故宫博物院的冯先铭和耿宝昌等先生再看一下，听听他们的意见。

那天中午，我跟陶瓷部同事周丽丽在食堂吃饭的时候，正好碰到刚刚回来的汪馆长。汪馆长说，那天上午他刚看到了一件汝窑瓷器，然后关照我们两个人，可以到河南去找一找汝窑窑址。但当时我和周丽丽并没有参加西安年会，不清楚当时的情况，也不认识那个拿来汝窑器物的人，根本无从下手，就问汪馆长怎么去找汝窑窑址。汪馆长说，他也忘记了那个人的名字，只记得他是宝丰瓷厂的。让我们先到宝丰县文化馆，找一找文化馆里的文保干部。文保干部肯定知道这次同去西安开会的宝丰瓷厂的那个人，让县里文保干部带我们去找宝丰瓷厂的那个人就好。

我们想也只能这样做了。其实那次我们去找汝窑窑址并不是专门前往，有的放矢，而是顺便稍带，碰碰运气而已。因为我们在那几年，每年到冬季的时候都会被安排调查古窑址。当时已经是10月底，本来我们已有计划到河南省去调查几个古窑址。打算调查临汝县的严和店、鲁山县的段店，还有郏县黄道、宝丰县青龙寺这四个地方的唐、宋窑址，去采集一些标本。我们做陶瓷研究的，国家文物局有规定，可以去调查、采集窑址表面的瓷片来做研究使用，但是不可以动土挖掘。当然我们这次的窑址调查就会格外注意宝丰县和寻找王留现。

两周后，我们出发。前三个县的窑址调查都比较顺利，最后一站到宝丰县。我们先去了县文化馆，找到负责文物保护工作的邓诚宝先生。他告诉我们，跟他一同参加西安年会的是宝丰瓷厂的技术员王留现。由于那时当地正在开展整党工作，邓诚宝先生是党员，也要参加整党会议，所以没有空陪我们一起去宝丰瓷厂找王留现，他就另外找了一位朋友带我们到宝丰瓷厂找人。

我们一路西行，来到公社驻地大营镇（虽然 1986 年人民公社已经取消，但是当地人还习惯称之为公社）。镇上的干部正在开会。带路人前去打听有没有人知道王留现在哪里，有人说王留现去西安开会回来过，但最近去了平顶山他儿子那里，人不在瓷厂。找不着人，无可奈何之下带路人也离开了，我们只能按照原计划调查宝丰县的古窑址。我们找到公社的秘书，让他帮我们引见清凉寺大队的同志带我们去清凉寺窑址，恰好当时清凉寺大队的党支部书记也在公社开会。

在 20 世纪 70 年代，故宫博物院的冯先铭先生和叶喆民先生到清凉寺村调查过古窑址，并在《文物》杂志上发表了调查报告，介绍清凉寺窑址的概况和采集到的标本。清凉寺在以前亦叫青龙寺，发表的调查报告的题目就叫《宝丰青龙寺窑址调查报告》。因为我们是做古陶瓷研究的，所以看过这篇文章，知道在宝丰青龙寺这个地方有古代窑场，是烧造民用瓷器的。我们就计划到这个窑址去采集一些标本，作为研究使用。

我们请求清凉寺大队的王书记，把我们带到故宫博物院专家调查过的地方。到了清凉寺村，当时是 11 月中旬，北方农田的冬小麦已经种下了，我们在地里的垄沟内发现了很多碎瓷片。因为地里的瓷片会影响耕作和庄稼的生长，所以村民都会把泥土里的碎瓷片等归拢到田埂和垄沟里。我们看到很多瓷片、匣钵、垫饼、窑具等，都暴露在地表，很容易采集。大队支书就告诉我们，北京来的专家就是在这里采集瓷片的。然后大队支书就让我们在这里捡拾瓷片，他去附近一个小煤窑矿工的招待所，安排我们的午餐。

那个时候买火车票很不容易，卧铺票更困难。我们提前买了那天晚上从洛阳出发回上海的卧铺车票，所以当天下午是一定要离开清凉寺村的，并且还需要王书记找人，骑自行车把我们从清凉寺村载到宝丰县城，然后我们再乘长途汽车前往洛阳赶火车。我们到清凉寺村已经是上午的 10 点钟了，12 点就要吃午饭，然后就要出发去宝丰县城的汽车站，时间很赶。所以我们调查的时间差不多只有两个小时。

我和同事分开行动，从麦田的东、西两端开始巡查，直到两人至中间汇合。刚开始从垄沟里捡起来的瓷片，我们是都要的，之后捡到更好的就把之前不太好的舍弃。标本主要有青釉、白釉、黑釉、酱色釉、白地黑花、珍珠地划花，还有三彩釉的陶瓷片。当地比较好的标本是一种天蓝釉钧窑的碎片，就像故宫博物院调查报告里写的一样，清凉寺窑群是生产民用瓷的窑场。我们从自己捡拾的标本来看，觉得故宫博物院对它的定论是正确的。

图一　汝窑带支钉瓷片

差不多要到 12 点的时候，我和同事快要汇合了。这时我发现前面地表上有一块天蓝釉瓷片，当时就觉得可能又是一片钧窑瓷片，只不过是釉色比较玉润。当我驱前俯身把它捡起来，又顺手把瓷片翻转过来，用另一只手下意识地抹去瓷片表面粘着的泥土的时候，突然发现在这片瓷片上有一颗"芝麻"小钉痕（图一）。我们知道钧窑器物底部是没有细小支钉痕的，若满釉支烧者，钉痕状似"黄豆"大而圆，只有汝窑底部有芝麻状细钉，虽然两者釉色很接近。当我再一次面对这个带有支钉痕天青釉瓷片的瞬间，真的心跳加剧，惊喜不已。因为来调查的时候心里已经提前有了一个预设，就是来寻找汝窑窑址的。我们竟然真的发现汝窑瓷片了！

　　我马上把"标本"收好，然后将捡到瓷片的地方进行定位，用相机把周边的环境拍摄下来，麦田南边有一根电线杆子，东边是"清凉寺"的破庙，当时就拍了两张照片。拍完以后，该跟同事碰头了。周丽丽向我这边走过来，边走边说："汪馆长让我们找汝窑，哪里有汝窑啊？根本找不到。"我说："我找到了。"接着，我就把这块瓷片掏出来给她看。她说："这个真的是汝窑哎！"然后她问我是在哪里找到的。还好，我当时有定位，就指了指捡到这片标本的地方。

　　我们两个人就决定，虽然 12 点已经到了，但是我们延迟一点吃午饭时间，在这个地方再找一遍，看还有没有汝窑的瓷片。大约半小时以后，我们又捡到了 5 片汝窑的瓷片。这时，我们心里就比较踏实了，觉得已经比较好地完成了任务。

　　回去的路上，我们都很兴奋。一回到上海，我们马上向马承源馆长、汪庆正馆长，还有文化局方行副局长汇报调查的情况。我们说："我们在宝丰清凉寺村找到 6 块汝窑瓷片，是不是就可以证实那里是北宋汝窑的窑址了？"汪馆长看了以后，并不认可。他说："这几片瓷片确实是汝窑的，但是不等于说宝丰清凉寺这个地方就是汝窑的窑址，因为器物的残片也有可能出自墓葬或者窖藏。如果你们要证明那里是汝窑窑址的话，你们要再一次去到宝丰清凉寺，要找到烧制这类产品的窑具才行。"

　　瓷器是一种商品，商品就可以流通。看来烧造瓷器的窑具一定会留在当地。12 月上旬，我们第二次来到了宝丰清凉寺村，花了两天的时间，在当地又找到汝窑瓷片三十来件。我们在清凉寺村的时候，那里的妇女和孩子看到我们在麦田里低着头来回走不知道在寻找什么，觉得很是奇怪。胆子大的小朋友就过来问我们在干什么。我们于是就发动群众，让小朋友帮我们一起寻找天蓝釉的瓷片。

　　两整天的时间，我们找到 37 块汝窑瓷的标本，还有 3 件窑具。这 3 件窑具里面一个是"火照"，火照就是烧窑时的温度计，通过它来判断窑炉内的温度和瓷器烧造的火候，一般都会放在窑炉观火孔处。在匣钵里面放上黄沙，黄沙上插入

图二 汝窑火照

火照（图二），就起到了"温度计"的作用。多数情况下，都是把拉坯废弃的东西切割成长条的形状，底部削尖，以便于插入钵里的黄沙中，上部开一个圆孔，仅上半部分沾釉，下半部分无釉，可防止下半部分与黄沙粘连。烧窑一定时间后，窑工用铁钩勾出来一个火照，来看窑内温度和窑器烧结程度。一次烧窑大约用 10 个火照，这种火照都会留在窑址之中。我们还找到两个支烧具，可惜两个都是残断的。汝窑瓷器的装烧特点就是底部用支钉来支烧。一般民窑烧瓷都是底足足端刮釉垫烧。我们找到的这种精致的窑具，就只能是烧造汝官窑器用，因为这种支烧方式成本很高。汝窑窑具的材质与汝窑器物的材质是一样的，这样才可以在烧造时达到收缩率一致，如果收缩率不一样就会出现裂缝。汝窑支钉的特点，就像芝麻粒一样，一头是圆的，另一头是尖的。尽管官窑器物也有支钉的痕迹，但是只有汝窑是芝麻状痕，因为汝窑的支钉要用手指两次捏出（图三），才可能有芝麻的形状。我们两次一共采集了 46 件瓷片标本和窑具，有了这些东西就能证实河南省宝丰县清凉寺村就是北宋名窑——汝窑的烧造地。接下来，我们开始着手撰写窑址调查报告，整理采集的瓷片、窑具标本，汇集所知存世汝窑的资料，并出版了《汝窑的发现》一书。

图三 汝窑支钉垫圈

　　那时恰逢上海博物馆建馆 35 周年庆典（1986 年 12 月下旬），全国的博物馆、考古所等有关单位均派人来沪共庆。我们就把刚发现的汝窑窑址的消息告诉了河南省考古研究所的来宾——赵青云先生。我们给赵青云看了这批标本，告诉他宝丰清凉寺应该就是汝窑的窑址，让考古所在当地进行窑址发掘。

　　之后，从 1987 年开始，河南省考古研究所在宝丰清凉寺进行了十几次的窑址发掘，发掘出了窑炉、作坊遗址，出土了大量的残器及瓷片标本，为我们当今汝窑的研究提供了大量的实物资料。

　　后来，王留现的这件汝窑洗捐给了上海博物馆。当时汪馆长想在《汝窑的发现》这本书里提及王留现提供的线索，要给他一个公正的地位，所以就让他带着那件汝窑洗来到上海。我那时以上海博物馆陶瓷部主任的身份接待了他，也见到了他带来的这件器物。据他自述，此汝窑洗是从他的一个居住在清凉寺村的亲戚家得到的（图四）。与上海博物馆藏的汝窑瓷器进行对比后，再次确认宝丰清凉寺就是汝窑遗址。

　　当时汪馆长的想法是因为这件器物得以发现了汝窑窑址，是不是可以让它留在上海博物馆。因为我国文物法规定，地下出土的文物都要归公，个人是不

图四　汝窑洗

能拥有的。所以王留现的这件汝窑洗，如果不捐给上海博物馆，也是要上交给当地的文博机构的。当汪馆长问他是不是可以把这件器物捐给上海博物馆时，王留现有点为难，说若此，则回去后不好向当地上级部门交代。于是上海博物馆联系了国家文物局，由国家文物局出面，请王留现把汝窑洗捐给了国家文物局。事后，国家文物局又把捐献的文物调拨给了上海博物馆。这样他也便于向当地政府部门说明。

汝窑窑址的发现是上海博物馆。1987年由上海人民美术出版社出版的《汝窑的发现》一书中，上海博物馆首次公布了调查发现的材料，并宣告河南省宝丰县清凉寺村就是北宋汝窑的故乡。汝窑窑址的发掘是河南省文物考古研究所，从1987年开始。在2000年入选了全国十大考古新发现。当今古陶瓷学界、文博界对汝窑的深入研究与认知，是在汝窑的发现与发掘的三十年间。

二　汝窑的鉴定

1. 胎
汝窑是北宋晚期，宫廷指定御用器烧造的窑场，所以制作很讲究。它的胎十分细腻，颜色如香灰色，淡灰偏白，俗称"香灰胎"。但是完整器因为是满釉，所以看不到露胎。瓷片的话，也要注意，因为瓷片的断面在土里已经埋藏了好几百年，被泥土侵蚀了，所以也不能够完全呈现出原来胎的颜色。由于汝窑烧造温度不高，胎体没有完全烧结，多空隙显粗松。

2. 釉色
有的人说汝窑是天青色，或者是淡天青色。我认为汝窑的釉色分为四种：第一种是天青，这类的数量比较多；第二种是天青色偏绿一点，称为"粉青"，与龙泉窑的粉青有点接近；第三种是比天青色偏白一些，称为"卵青"，有点像鸭蛋青的颜色；第四种称为"灰青"，王留现的那件汝窑洗就是"灰青釉"。

不同的釉色是因为在窑炉内烧造的气氛不同，窑炉内氧气的含量不同，产生的颜色也会有区别，但这种情况并不是有意为之。有的图录里还会出现超过这四种釉色的器物，那就是窖藏或者出土的。有一些比较深的颜色，主要是土蚀的结果，是土沁的颜色。

汝窑的釉质是石灰釉，主要成分是钙。汝窑的釉层都是比较薄的。一件完整的瓷器，我们很难看到釉层的厚度，而瓷片就可以比较容易看到。在汝窑调查时，一开始我们采集到的都是钧窑天蓝釉瓷片，整理的时候和汝窑的标本作比较，就可以很容易地看出来：汝窑的釉是很薄的，钧窑的釉层比较厚（图五）。钧窑早期有一种称为"汝钧"，它也用支钉烧造，但是钧窑的支钉不是芝麻钉，它的支钉是圆形的，而且比较大。如果看不到支烧的痕迹的话，厚釉的就是钧窑。

3. 装烧工艺

装烧工艺形成了汝窑最主要的特征。

图五 汝窑钧瓷釉层对比

古陶瓷中圆形的器物，是可以在辘轳上拉坯制成的，我们称为"圆器"，比如说碗、盘、碟、洗等，这些都是圆器；像瓶、罐或者香炉等就叫"琢器"，现在也有称"立器"的。

汝窑的器物，特别是圆器大都采用满釉、裹足、支烧法。裹足，就是器物的圈足略微外撇，稍稍上卷，由于满釉，将圈足整体包裹起来。也有的圆器，不是裹足，是把足端上的釉刮掉一圈，下放垫饼烧成，这种叫"垫烧"。如果器底留有支钉痕的就叫做"支烧"。

汝窑的圆器很多都是裹足，圈足外卷且裹釉。所以看到一件汝窑圆器，一定会有满釉、裹足、支烧三个特征。为什么汝窑有这些特征呢？这在南宋的文献里有提到，如南宋叶寘《坦斋笔衡》说："本朝以定州白瓷器有芒，不堪用，遂命汝州造青窑器，故河北唐、邓、耀州悉有之，汝窑为魁。"定窑因为覆烧，所以口部没有釉，所谓"芒口"，皇帝和宫廷不喜欢用它。那么汝窑根据皇帝的要求，就要把器物整体上釉，谓"满釉"。

为了达到满釉不露胎的效果，只能采用支钉装烧（图六）。支钉有三个钉或者五个钉，通常都是单数的。因为三个点可以确定一个面，四个点的话就可能有一个点不在同一平面上。如果是一件比较大的器物，就可能采用五个支钉分散着力点，因为每个点承重是平均的。三个支钉的话，每个支钉受力大，留下的钉痕就会大一些；而五个支钉呢，每个支钉平均受力小，留下的钉痕就会小一些。支钉多少，钉痕大小与器物大小和重量有关系。

图六 汝窑支钉垫圈

还有一种器型比较特殊，有六个支钉，现在我们把这类器物叫做"水仙盆"，在台北故宫博物院藏有四件。清代乾隆皇帝喜欢汝窑瓷器，就要景德镇御窑厂仿烧宋代汝窑的样式——"内廷出样"。在著名督陶官唐英的文章中就有提到"仿铁骨无纹汝窑，仿宋器猫食盘、人面洗色泽"之类，是否在宫里真的还有用来喂猫、喂狗的器物。

4. 装饰

一般来说汝窑釉面都有开裂细碎的纹片，也称"开片"。这种开片的形成是器物的胎泥和釉料在配置的时候，两者的膨胀系数不一致，胎的膨胀系数会大一些，而釉的膨胀系数则小一些，于是就会出现"撕裂"的现象，这样烧造出来的器物的表面就会出现开裂的纹片。纹片作为装饰就是由汝窑首先开创的。这种开片的形状有蟹爪纹，像螃蟹的爪子抓过的划痕；有鱼子纹，小而带圆形，可以连成片；有鱼鳞纹，如鱼的鳞片一样排列；有网格纹，似鱼网一样；还有冰裂纹。

在这些开片里面，应该说以冰裂纹开片为最美，因为冰裂纹的开片是有层次、有深度的。在一定的光线下观看，冰裂纹是最漂亮的一种开片。其他的各种开片在釉层表面，与冰裂纹比起来就会逊色一些。

汝窑除了大部分是开片装饰以外，也有没开片的。明初曹昭《格古要论》讲到："汝窑器，出北地，宋时烧者。淡青色，有蟹爪纹者真，无纹者尤好，土脉滋媚，薄甚，亦难得。"也就是说，汝窑器是可以没有纹片的，无纹的是更加好的。到目前为止，汝窑无纹的器物仅仅发现了一件，就是台北故宫博物院收藏的汝窑无纹水仙盆（图七），这件水仙盆是乾隆皇帝最喜欢的一件，给它专门配了木座，木座底部还有一个抽屉，抽屉里存放着乾隆《御笔书画合璧》册。

过去，没有提到过汝窑有花纹的装饰，现在经过十几次的发掘，知道汝窑的装饰有些还是有花纹的，有刻花、印花、划花，还有凸起来的弦纹。

图七 汝窑无纹水仙盆

这种椭圆形洗亦叫舟形洗，像船的形状一样，器内刻划双鱼纹。因为刻花以后上釉，纹饰就有些看不清了。另一种叫钵，有刻龙纹的，也有刻莲瓣纹的，还有水波纹。同样因为刻花以后上釉，纹饰就有些看不清了。考古发掘最大的收获就是发现这类香炉，也叫做"出香"。出香是一种香薰，上面的盖子是动物形状的，有龙、鸳鸯、狮子等。炉腹的烟气会从动物的口部吐出来。本书封面的汝窑鹿衔灵芝出香炉是近年再现的传世孤品，海内唯一。

5. 器型

汝窑的器型基本上都是日用器，有盆、盘、碗、碟、盏、盏托、洗、酒台子、樽与承盘、注子和温碗等。酒台子是放酒杯用的，一般上面就是一个台子。而盏托是放茶盏的，一般里面会中空，这是两者的区别。还有注子和温碗，合称"注碗"，里面一个酒壶，外面一个莲花口的大碗，酒壶里装酒后放入盛了热水的温碗中，用来热酒、保温。

除了日用器外还有储存器，如梅瓶、盖罐。少量的陈设器，比如说玉壶春瓶、纸槌瓶、水仙盆等，这些都是陈设器用。还有卫生用具，比如出香、香炉。还有少量的文房用具，比如笔添、水滴。水滴有鸳鸯形状的，在北宋时期的越窑中也见有类似造型的水滴。

特别要注意的是，汝窑中没有祭祀用的礼器，宋徽宗提倡祭祀用的礼器必须是青铜器和玉器。故作为祭器的瓷器出现要到南宋了。宋高宗在当时的临安建立的南宋，需要祭祀，但因为一路上逃难，祭器都有损毁或者不方便带出来，所以就用瓷器模仿铜器来做祭祀用的礼器。南宋官窑就有很多是仿青铜礼器的器型，有簋式炉、出戟花觚、贯耳壶之类，还有仿玉器的琮式瓶等。这种现象都出现在南宋，所以北宋时期的汝窑不可能烧祭祀用器。

汝窑还有一个特征，就是在釉薄的地方隐约可以看到粉红色的光泽。因为汝窑釉中有微量铜的成分，铜在还原气氛烧造后会呈现淡淡的红色。

问：

为什么汝窑的釉中要添加玛瑙？

以前有一种说法是汝窑的釉中有添加玛瑙的成分。南宋人周辉在《清波杂志》中记载："汝窑宫中禁烧，内有玛瑙为釉。"宝丰也产玛瑙。为宫廷烧瓷的汝窑，极有可能掺入了玛瑙为釉，以提高产品身价。玛瑙的主要成分是氧化硅，它在釉中的作用同石英没有什么不同，所以即使釉中添加了玛瑙，也不会在烧造出来的器物上显现出来什么。

问：

汝窑瓷器的开片是不是有意烧成的？

最初是无意烧成的，胎与釉的收缩率不匹配。最终汝窑首创"缺陷美"，就开始成为其装饰特征。这是从"无意"到"有意"的过程。

汝窑的火照比较讲究，在后来的考古发掘中发现有专门为火照制作的插座。另外烧窑用的匣钵，在匣钵的外面都涂有耐火泥。

汝窑折沿盘 北宋

口径：19.1 cm　底径：12.2 cm

汝窑折腰洗 北宋

高：4 cm　口径：15 cm　底径：6.5 cm

汝窑弦纹三足樽 北宋

高：12.9cm　口径：18cm　底径：17.8cm

汝窑盏托 北宋

高：7.3cm 托盘径：16.5cm

汝窑玉壶春瓶 北宋

高：20.1 cm　口径：4.4 cm　足径：6.5 cm

汝窑刻花莲瓣纹钵 北宋

高: 7 cm　口径: 17 cm　底径: 9 cm

钧窑

钧窑是宋代五大名窑之一，也是宋、金、元时期八大窑系之一。钧窑属于北方的著名窑场。北宋时，为宫廷烧制花器和陈设瓷；金元时，开始烧制民用器。根据窑址调查，北方地区以河南禹县、汝州为中心，整个广大的河南地区和河北、山西、内蒙古地区都发现有烧钧瓷的窑址，形成了北方一支钧瓷的窑系。

对于古代瓷窑的研究，要综合四个方面的材料。

1. 传世品。在两岸故宫博物院都有钧窑的传世品。

2. 历代文献、文字记载。宋、金、元时期，没有文献记载。明代的文献上讲到钧窑在禹州（金改钧州）。明代天顺五年(1461年)《大明一统志》记载："瓷器、铁，俱钧州出。"明中期《明会典》记载："岁造内府供用库，每年该用瓷坛一千五百个……河南彰德府，每年造瓶、坛、缸共一万七千二百八十三件……俱送光禄寺供用。"这两部文献仅记载钧州（禹州）出产瓷器，并未提到现在我们所说的"钧窑"。明万历十九年，高濂撰写《遵生八笺》之"论诸品窑器"曰："钧州窑有朱砂红、葱翠青、茄皮紫。红若胭脂、青若葱翠、紫若墨黑，三者色纯无少变露者为上品。"但以上文献都没有提及钧窑到底出自哪个时代，真正提及钧瓷出自哪个朝代的是清代初年的文献，提及钧窑是北宋时期烧制的。

3. 排比出土物，即墓葬、遗址、沉船、窖藏等。有些纪年的出土物到 13 世纪，也就是 1200 年之后，进入金代，是民钧（没有官钧出土）。目前，最早出土且有纪年的墓葬是山西大同，冯道真道士的墓葬，里面出现了一组钧窑瓷器，墓志铭写到出生年月及葬于至元二年，也就是公元 1265 年，这表明进入元代。历史上，公元 1234 年金被元灭，所以 1265 年北方进入元代，南方还是宋末时期。

4. 窑址发掘的资料。在今河南禹州市，进行过窑址发掘。禹州市在北宋时期称为阳翟，何时叫钧州呢？那是金代伪齐刘豫统治时期，在阳翟县设颍川军。金大定二十年 (1180 年)，改军为州，称颍顺州。阳翟县仍为其附郭。金大定二十四年 (1184 年)，因州有古 "钧台" 遗迹，改颍顺州为钧州。明神宗万历三年 (1575 年)，为避神宗朱翊钧名讳，改钧州为禹州。1988 年 6 月 25 日，国务院批准撤销禹县设立禹州市，为省直辖县级市。这个地理沿革告诉我们，钧瓷的出现应在金代以后。

今天在禹州市钧台，那里有一个地名叫八卦洞，靠近古钧台的地方。1973年至 1975 年期间，河南省考古研究所进行了发掘。1977 年，发表了一份发掘报告。大家认为，由于八卦洞靠近钧台，因此也叫钧台窑。那里挖掘出来的标本和瓷片被称作钧瓷的官窑产品，那时就把钧台窑视作官钧的窑址了。直到 2001 年，在禹州市西面神垕镇刘家门，北大考古系和当地文物工作者进行了民用钧瓷窑址的发掘。

刚才讲的四个方面是研究古陶瓷的必要条件。而钧窑有点问题，是五大名窑中的奇葩。钧窑既烧青釉，比如天蓝釉、天青釉和豆绿釉、月白釉，都是属于青釉的范畴。同时钧窑又能创烧铜红釉产生窑变的品种。钧窑之所以可以进入五大名窑，是因为铜红釉的烧成，使钧窑可以享誉瓷史。这个成就突破了当时仅仅以铁作为着色剂的工艺（青釉、黑釉、酱色釉和白釉）。在钧窑之前，烧制瓷器的着色剂仅使用铁，比如青釉含铁量 3% 以下，黑釉含铁量 5% 及以上，酱色釉也有含铁量，白釉含铁量小于 0.5%，这些都和含铁量有关，只是多少而已，表现出单一的、纯色的色彩。而钧窑创造了铜红釉，用铜来作为着色剂的工艺，开创了绚烂瑰丽的装饰风格，把瓷艺的美学提高到一个新的境界，表现出热烈的、华丽的、高贵的色彩。钧窑能进入五大名窑，即源于此。钧窑红釉是通过窑变产生的釉色，其烧制难度是很大的。下面讲述一下钧窑的窑变。

古代人，对窑变没有统一的定义。概括起来说，打开窑门冷却后，得到的产品在色、彩、形、质上发生了引人注意的变化，这种变化既讲不出原因，又不能重复结果，故均称之为窑变。历史上有记载，比如瓷器发生形变者，在《文房肆考》古窑器考中说，明代的时候，景德镇烧屏风，变其二，一个为床，一个是船。还有个传说称瓷器因窑烧后发生质变，如《格古要论》上说："窑变为玉，遂不烧。"以上讲的例子都不是很可信。颜色、釉色发生变化很多，根据记载，如《清波杂志》上说："饶州景德镇，大观间有窑变，色红如朱砂。物反常为妖，窑户亟碎之。"当时的陶工从来没有看见过这种现象，觉得不可思议，于是就从迷信的角度来理解，认为它是"妖"。从现代科学的角度来说，这种所谓"色红如朱砂"，其实就是由于釉中含铜，在合适的工艺条件下，还原成铜红而已。古代窑烧发生窑变的那些著名窑变釉，有玫瑰紫、海棠红、丁香紫、驴肝马肺。景德镇康熙年间的苹果绿和郎窑绿，到雍乾年间有窑变花釉，比如火焰红、火焰青、钧红等。古代在黑釉上也会出现窑变现象，如有一种叫"三阳开泰"，只要有铜的成分，都会出现窑变。这是一种非常复杂的物理和化学的变化。只要釉的组成不均匀，不同性质的釉出现在同一瓷器上，也会发生不可预测的窑变现象。现在上海硅酸盐所的科学家，把钧窑的釉经过细微的观察研究以后，得出来的结论就是，钧窑的那种天然的釉是一种"分相釉"，是"液液分相釉"。现在的窑工，已经可以通过配方设计和控制烧造的工艺，生产出各种窑变釉了。

钧窑分官窑和民窑两部分。官窑部分现在叫官钧，就像汝窑的官窑部分，就叫做汝官一样。官钧是宫廷用的，民钧就是民用的，也就是平常老百姓用的。故宫博物院的《钧瓷雅集》，图录就分民钧和官钧两个部分。那么官钧说到底就是宫廷用瓷，现在收藏在两岸故宫博物院，是传世下来的。它的器型比较单一，

图一 钧窑月白釉出戟尊

图二 钧窑玫瑰紫釉仰钟式花盆

图三 钧窑紫红釉渣斗式花盆

很多是花盆，花盆的底下有一个盆托，也是瓷器烧的。还有出戟尊，其实是仿西周时候的青铜礼器，器型也很简单，没有孔，都施满釉，是当陈设放在那里作装饰用的（图一）。当时展出的各种花盆，实际是在1974年和1975年禹州钧台考古的时候，从窑址里面挖掘出来的，标本跟清宫收藏相吻合。宫廷里面收藏的花盆（图二），上面的釉就是很少见的那种玫瑰紫颜色，即铜红釉。知道它是花盆，是因为底下都有孔，种花的时候可以出水。因为是宫廷用的，出水的话，底下还要有一个盆托。盆托形状各异，如果花盆是海棠形的，它底下的盆托也是海棠形的，如果花盆是葵花或者菱花形的，盆托就与此配套。比较浅的、没有孔的就是盆托。还有一种博物馆收藏的，是鼓钉洗，实际上也是一种盆托，因为它没有孔，颜色是铜红釉玫瑰紫的。我们看花盆里面有一种叫渣斗式花盆，像一个渣斗一样，也有五个孔，也是花盆，它的盆托就是鼓钉洗（图三）。还有一种仰钟式花盆。这两种花盆底下的托就是鼓钉洗，当时不是很理解，看成文房用品，当作笔洗了。就像汝窑里面有一种水仙盆，亦被认为是猫食盆、狗食盆。这些器型都属于陈设器。釉色主要是玫瑰紫、海棠红，还有一种叫月白釉。官窑器胎质都比较细腻，制作规整，具有艺术性，釉色都很绚丽，而且官窑器的底下还藏有一个秘密，就是这些器物的底下都刻有一个从一到十的数字，并施芝麻酱一样颜色的釉。比如说不同大小的花盆，根据它的大小，从大到小给予编号。一号最大（图四），依次下来，十号最小。这样的标记，便于和对应大小的盆托进行配对。花盆可以解释，但是出戟尊又如何解释呢？虽然目前没有找到相配对的东西，但是我认为应该是有配对的，只是到现在我们还没发现。

图四 钧窑鼓钉洗底足刻有"一"字

两岸故宫博物院收藏钧瓷中的官钧，常常刻有清宫、殿、苑或者使用场所的名字。比如说这一件，就刻着"建福宫竹石假山用"。由于是陈设器，乾隆皇帝喜欢放在不同的地方陈设和欣赏，所以会刻有不同的字样。大的宫殿的名称是横刻的，小的地方的名称是竖刻的。窑址里面出土的是不会出现这些字样的，但会刻有数目字。新中国刚成立的时候，两岸故宫博物院同时出图录，有传世品，但是窑址没有被发现，所以也不能断代。钧窑的出土要到 1974—1975 年进行钧窑窑址发掘的时候。发掘报告称，出土的器物和两岸故宫博物院旧藏的陈设瓷相类似。同时钧台窑发掘中最有力的证明，是发掘出来一个钧窑泥制作的"宣和元宝"的钱模，那就证明一定是宋徽宗时期的，也就足以证明钧台窑烧制的时间是北宋晚期。既然这个"宣和元宝"和宋徽宗有关系，那就联想到了宋徽宗的花石纲，这些奇花异草所需要的花盆就和钧窑有关。这两方面的因素，通过这个钱模的出现，证明了北宋生产的就是两岸故宫博物院收藏的东西，钧窑在北宋宣和年间为宫廷烧陈设瓷。那时候国内的学者或者陶瓷界学人，都是这样认识的。

直到现在，大家要来推翻这个观点了。因为目前，在国际的拍卖会或拍卖行出现官钧的话，那都是天价的东西。而在上海博物馆，目前也只有鼓钉洗，没有花盆。现在我们如果要收藏官钧的话，一方面是存世不多，另一方面现在已经炒到了天价。2004年之前，中国国内做陶瓷研究的学者，都认为官钧是北宋晚期的，但是国外的学者，特别英国人，他们认为官钧是元代或者明初的。在这样的情况下，国外的学者和国内的学者都为此一直在打着口水仗。

2004年的时候，当时因为禹州市进行旧城改造，在古钧台附近有一个禹州制药厂要搬迁，开发商在对地面进行平整的时候，发现了窑址。但是因为无知，他们竟然把挖出来的瓷片随意堆放在其他地方。喜欢瓷片的研究者就去捡拾，发现了很多类似官钧的瓷片，当然还有其他瓷片。有一个人拿到很多瓷片，便打电话到深圳考古研究所，他问什么品种属于孔雀绿，是什么时候开始有的。当时工作人员查了以后，答复说孔雀绿的釉色要到金代晚期。于是此人便说，他在禹州那里收了很多瓷片，他能提供出来供研究之用，并说收的东西里面除了有官钧的花盆以外，还有执壶、出戟尊等。深圳考古研究所的工作人员极为重视，就到那里实地考察，收了160多块瓷片进行研究。当时河南省考古研究所得知情况后进行了发掘，发掘了以后很震撼，因为挖出来的东西都属于官钧的东西。于是他们和上海博物馆联系，说在制药厂发掘的东西是我们日常见不到的，而且年代可能要晚。上海博物馆对这些瓷片进行了研究，发现年份可能要到明代，就是距今六百二十年到六百五十年，还有一批民窑的东西比它早一百年或更早。深圳博物馆进行了器型考察，还召开了专门的研讨会。对于官钧的断代，有北宋说，也有陈万里等人的金代说，有国外学者的元代说，元末明初说，还有明代说。总的来说，对于官钧的年代，要往后挪，到不了北宋。

下面讲一下官窑钧瓷的特征：第一，胎色比较深，呈深灰色或者褐紫色。胎质细密坚实。第二，釉是乳浊釉，不是透明釉。釉色有天然月白、玫瑰紫、海棠红、丁香紫。官钧釉面单独的紫斑几乎没有，绝大部分都是天蓝釉和红釉互相交融的一种变化色，总体来说，玫瑰紫颜色比较常见。第三，官钧的釉面有蚯蚓走泥纹。什么叫蚯蚓走泥纹？比如像这一件钧窑（图五），特别是官钧，经常会出

图五 钧窑丁香紫六角形盆托（蚯蚓走泥纹）

现蚯蚓走泥纹，就像下了雨以后，蚯蚓从泥土中爬出来走过的路线一样。那么蚯蚓走泥纹是怎么形成的呢？它形成的原理又是什么呢？一件器物成型后，首先需要晾干，之后到窑炉里去烧。第一次烧窑的火度为900—950摄氏度，去掉水分，胎的表面会产生一些气孔，上釉后，气孔容易吸入釉。由于胎已被烧制，它和外面上的生釉的膨胀系数不一致，就会干裂。第二次烧制，温度一高，釉受热熔化流淌，把裂缝填平。弥合的这条缝里面的成分和外面的成分是有区别的，可溶性的物质比较多。钧窑的蚯蚓走泥纹，是因为两次烧成技术——先烧胎再烧釉的关系。官钧因为是官窑，它一定要确保成功率，所以先要确保把胎烧好。民间的不一定两次烧，在晾干的时候也会出现干裂，这个裂缝在高温烧造中会被釉填满。没有被填满的，温度如果再上去一些，它就有可能慢慢地流过来，填满了就会出现蚯蚓走泥纹。第四，官钧的外底上有一层护胎釉，颜色像芝麻酱，我们有时候

也叫它护胎釉或者芝麻酱釉。第五，官钧的器型是花盆、盆托和出戟尊，刻有一到十的数字。盆托采用支圈支钉烧，其他采用垫饼垫烧。钧窑的支钉和汝窑的支钉完全不一样，钧窑的大小好似黄豆，汝窑的大小恰似芝麻。花盆与盆托的造型是多样的，有海棠形、菱花形、长方形、方形、龟背形，还有仰钟式和渣斗式。

接下来讲民钧。民钧就是民用的日用瓷类，其胎土有浅灰、深灰等。我觉得有两个不同，一是朝代不同，颜色不同；二是地区不同，颜色也不同。以河南为中心，山西以北等地区都烧钧窑。在清凉寺窑址捡到天青釉或者天蓝釉的瓷片，有的是汝窑，有的是钧窑。如何区分呢？一件瓷片，如果拿在手里，第一看它的胎。汝窑的胎是香灰胎，钧窑的胎色比较深。第二看它的釉。汝窑的釉薄，钧窑的釉厚。第三，因为钧窑的釉比较厚，它的釉和胎之间会产生一个中间层，这个中间层显白色。因为瓷器烧制的温度就是要达到外面的釉全融，里面的胎半融，那么釉和胎之间就会有一个化学反应，产生中间层。钧窑由于胎的颜色比较深，中间层就比较明显，而汝窑的胎色是香灰胎，颜色比较浅，虽然也有中间层，但就没有这么明显了（图六）。

图六 汝窑钧瓷釉层对比

民钧的颜色以天蓝为多见，也有豆绿、灰青、红斑和少量的红釉，玩钧窑基本上就是玩红斑。民窑的日用器，宋、金一般都是满釉，圈足涂一层芝麻酱釉；圈足壁较直，底心没有乳突。但从元代开始不满釉，不仅底足无釉，器外施釉亦不到底，也没有芝麻酱釉。元代的钧瓷一般比较粗糙，厚重，釉有垂流，有开口气泡，器物足底经常会有像肚脐一样的乳突。钧窑早期有一些瓷盘和洗，是采用支钉烧的。有三个钉、五个钉的，器物满釉。后期是垫饼烧。民窑的器型比较多，

图七 钧窑蓝釉红斑碗

碗有鸡心碗（图七）、墩式碗（当地也叫"罗汉碗"）、有菱花口、葵花口碗。另外钧窑还有一种很典型的盘，过去叫镗锣洗。当然还有折沿盘。

大家看这一件，实际上是汝钧。我的观点是，钧窑是仿汝窑的。三个支钉，胎比较白。

图八 山西钧窑烛台

这一批实物都是来自山西的钧窑系统。山西的蓝釉有一点点带灰，但红斑烧出来还是可以的。这个烛台很漂亮，非常难得（图八）。因为立件不容易烧，一般都是碗和盘。我有一些瓷片都是东沟的，从中可以认识到，钧窑一种是天蓝，另一种就是青绿色，如青葱一样的颜色。东沟就在宝丰边上，所以我的观点是，钧窑是仿汝窑的。这一件是晚期的钧窑，兽首的嘴巴里面含了一个环，这叫"铺首"，是一种元代的装饰手法（图九）。

图九 钧窑月白釉贴花炉

俗谓"钧瓷无对，窑变无双"、"入窑一色，出窑万彩"、"高山云雾霞一朵，烟光凌空星满天，峡谷飞瀑兔丝缕，夕阳紫翠忽成岚"。均是形容钧瓷的窑变之美。

钧窑渣斗式花盆 北宋

高：22.7 cm　口径：23.5 cm

钧窑天青釉红斑执壶 金

高：26 cm　足径：6 cm

钧窑天青釉红斑梅瓶 金

高：25 cm 口径：4.5 cm 足径：7.5 cm

钧窑玫瑰紫釉葵花式花盆 宋

高：15.8 cm 口径：22.8 cm 足径：11.5cm

钧窑玫瑰紫釉鼓钉式盆托 宋

高：9 cm　口径：23 cm

官窑与哥窑

中国古陶瓷研究，我一直强调几个方面，之前讲定窑和汝窑的时候都反复强调：第一要有实物传世；第二要有古籍文献的记载；第三要发现生产瓷器的窑址，要有窑址发掘的资料来印证；第四要有纪年墓出土的器物。研究古陶瓷，无论是研究一个窑口还是研究一个时代，都要注重这四个方面，即实物、文献、窑址发掘物和墓葬出土的器物。只有将这四者配合起来，某个窑口的研究才可以做得好。如果在研究中间这四个方面缺少一个，或是两个，甚至缺少了三个，就无法全面地了解一个窑口，更谈不上鉴定了。就像柴窑，没有窑址出土物和实物传世，也没有墓葬的东西出现，唯一的线索就只有文献的记载，但文献的记载出现得又较晚，到明代了。所以没有充分的证据证明，柴窑是五代的，那么对柴窑的研究而言，这肯定是不够的。

如果我们做某个窑口研究的话，这四个方面都齐全了，就可以研究得深入。比如说定窑，定窑的这四个方面都是全的，所以对定窑的研究应该说是比较深透的。而汝窑具有其中的三个方面，有实物传世，有文献记载，也有窑址发掘，但是它没有墓葬出土物（但有窖藏出土物），那么基本上对汝窑的研究也还算是可以的。

钧窑有传世实物，但文献记载出现得比较晚，宋、元的时候都还没有出现提到钧窑的文献。窑址发掘是有的，纪年墓的出土物也有，但是时间大多比较晚，都要到金末元初时期了。

现在我们讲"五大名窑"里面的"官窑"和"哥窑"。这两个窑口为什么放在一起讲呢？因为它们两个有共同点。官窑有不少实物传世，也有相关的文献记载，还有窑址的发掘。现在已经发掘了修内司官窑和郊坛下官窑，两个都是南宋的。那么官窑的研究缺少了什么关键因素呢？就是没有纪年墓的器物出土。如果存在南宋官窑的纪年墓的话，那么对于南宋官窑的研究和断代就有了比较权威的证据。五大名窑还有一个是哥窑，也称作"传世哥窑"，我们称这类器物为传世哥窑是因为其窑址还没有被发现，相关的文献记载也出现得比较晚，一直要到明初曹昭《格古要论》才提及。

官窑和哥窑的共同点有以下几个方面：

第一，官窑和哥窑都属于青釉系统，其中釉色最好的称为"粉青"，其次为"米黄"。米黄釉色其实就是在氧化焰的气氛下烧造出来的，青中泛黄。有些米黄釉色泽比较少见，如蜜蜡黄，颜色比较细腻莹润，也更加珍贵。但是无论是氧化焰还是还原焰，它们都是以铁为呈色剂的，所以都属于青釉系统。

第二，官窑和哥窑的胎大多是深色的，也就是黑灰色或是深褐色，因为都是使用紫金土。紫金土是浙江的特产，含铁量比较高，导致胎烧成后颜色会比较深，所以它会出现"紫口"的现象。因为口沿的釉会向下流淌，所以口沿釉薄处呈现出深色，像是金属一样的颜色，我们就叫它"紫口"。有些器物，口部两面的釉在烧造的时候会向下垂流，那么在口沿部分的釉就是最薄的，呈现出深色胎的颜色。而官窑和哥窑的器物在制作的时候，底足需要刮釉一周，防止在烧造的时候器物与匣钵粘连，所以足端是没有釉的，是露胎的，器物在烧造完成后底足也会像口沿一样，呈现出深颜色，就像是铁的颜色一样，我们把这种现象称为"铁足"，这就是对官窑和哥窑一种特征上的概括，"紫口铁足"或"铁足紫口"也是鉴别官窑和哥窑的重要特征之一。

第三，这两个窑口还有一个共同点就是都用"开片"作为装饰。开片就是器物表面的裂纹，和汝窑一样。汝窑是最早用开片作为装饰的，但是汝窑的开片比较细碎，互相交织，而官窑和哥窑的开片则要大一点。而其他的装饰手法，比如说定窑的刻花、印花之类，对官窑和哥窑来说，是不太常见的，只有极少数有花纹装饰。

第四，官窑和哥窑都有支烧和垫烧两种装烧方式。支烧就是在器物底下用支钉支撑起来烧造。使用的窑具，就是底下有一个泥饼，泥饼的上面有凸起的支钉。使用这种窑具烧造后，器物的底部一定会留下支钉的痕迹。还有一部分的器物是用垫烧的方式烧造的，垫烧即使用一个垫饼。为了防止粘连，就需要在器物与垫饼接触的部分刮釉，这样就会产生上述我们提到的"铁足"现象。支烧和垫烧两种烧造的方式在官窑、哥窑的烧造过程中都有用到。当然，支烧的方式主要用于盘、碗、洗等圆器的烧造。如果是立件的话，如瓶、壶、罐，一般来说都是采用垫烧。支烧的也有，但是比较少，因为立件的重心比较高，如果采用支烧的话会不稳当，容易倾倒下来。

以上是官窑和哥窑的一些共同点，现在具体来讲一下官窑。

关于宋代窑口最早的文献，包括我们以前讲过的定窑、汝窑，也包括我们现在讲的官窑，都是指南宋人叶寘的《坦斋笔衡》。"坦斋"是他书斋的名字，笔衡表明是他自己写的一个文字记录。还有一位南宋人叫顾文荐，写了一本书叫《负暄杂录》，"负暄"指人到了老年以后，书名的意思就是作者在老年的时候写的一个回忆录。这两本书是我们目前可以看到的、最早的有关宋代陶瓷窑口的记录和当时人对于瓷器的评价的文献。这两个人都是南宋晚期的人，两者的文字记载也大致相同，只有个别几个字有差别。

《坦斋笔衡》记载："本朝以定州白磁器有芒，不堪用，遂命汝州造青窑器，故河北唐、邓、耀州悉有之，汝窑为魁。江南则处州龙泉县窑，质颇（粗）厚。"这里本朝就是指宋朝，因为定州生产的白瓷器，也就是我们今天所看到的定窑白瓷，器物的口部不施釉有芒，不太好用，朝廷不喜欢，所以就命汝州制造青瓷，也就是我们之前讲到的汝窑瓷器。同时河北唐、邓、耀州等地也生产青瓷器，其中以汝窑瓷器为最好。接下来讲的是南方地区处州的龙泉县也设有窑场生产瓷器，但是瓷器的质量比较粗厚，这也证明了龙泉窑在南宋及之前已有烧瓷，但质量不佳。

"宣政间，京师自置窑烧造，名曰官窑。中兴渡江，有邵成章提举后苑，号邵局。袭故京遗制，置窑于修内司，造青器，名内窑。澄泥为范，极其精致，釉色莹澈，为世所珍。"这一段讲到"宣政间"指的是宋徽宗的两个年号"宣和"和"政和"。"京师"指的是当时的北宋都城汴京（汴梁），也就是今天的开封。朝廷在这里设置了一个窑来烧瓷器，称为"官窑"。"中兴渡江"是指北宋末年靖康之难，北方的金人攻入汴京，掳去了徽钦二帝，北宋灭亡；后来继任的皇帝宋高宗南迁，在临安也就是现在的杭州建立了新的都城，史称南宋。当时的人就把宋高宗南迁过长江，临安建都开创南宋称为"中兴渡江"。那时就任命一个叫邵成章的人，让他来主管"后苑"这个机构，"后苑"在宋代是专门为皇帝和朝廷服务的。邵成章承袭北宋旧的制度，在修内司设置窑场烧造青瓷，称为"内窑"，修内司也是宋代专门管理皇家手工作坊的一个机构。内窑生产的瓷器，均使用质量很好的瓷土来做胎，"澄泥"也就是淘洗得很仔细的泥土，产品极其精致，釉面非常莹润有光泽，这些瓷器被当时的人所珍视。

"后郊坛下别立新窑，比旧窑大不侔矣。余如乌泥窑、余杭窑、续窑，皆非官窑比。若谓旧越窑，不复见矣。"南宋设立修内司窑（内窑）之后，又在郊坛下设立新窑。郊坛就在杭州的南郊，现在叫"八卦田"的地方。而在烧制的产品上，新窑质量大不如旧窑。而其他的窑口如乌泥窑、余杭窑、续窑也都不如官窑，而在唐、宋时生产的高质量秘色瓷的越窑，被官窑所取代，在那时就已经看不到了。

总的来说，这就是最早的关于"官窑"的文献记载，而且也谈到了宋代其他的窑口，但我认为它主要讲的就是官窑。这一段话所提到的定窑、汝窑也都是供御的，也就是说这里面提到的所有窑口，广义上都算作"官窑"，都是为宫廷烧制的。我们根据宋代人的记载，可以了解到真正的官窑就在京师，也就是朝廷专门派人去管理的，烧制出来的东西都是在皇宫里面使用，而非民间老百姓使用的商品瓷，这是真正的名副其实的官窑。

宋代的官窑可以分为北宋官窑和南宋官窑。根据上述文献，我们就可以了解到北宋在宣、政间设立了北宋官窑，中兴渡江后又在临安先后设立了修内司官窑和郊坛下官窑。这就是陶瓷史学界提到的官窑的"三分"，也就是三个官窑。就考古发掘的成果来说，在杭州南郊八卦田（化仙桥），这里过去是南宋祭祀的郊坛，郊坛做成像八卦一样的形式，中间是圆的，外围八方边形，也就是八卦的形状。因为郊坛下官窑发现得比较早，20世纪60年代和80年代经过两次考古发掘以后，在那个遗址上，现在已经建立起了"南宋官窑博物馆"。其实南宋官窑博物馆这个地方只是南宋两个官窑中的"新窑"，而"旧窑"——修内司官窑在南宋官窑博物馆建立时的80年代还没有被发现，大家都不知道修内司窑的窑址在哪里。

当时做陶瓷研究的人有两派在争论，有人坚持修内司官窑是存在的，也有人说修内司官窑是不存在的，因为窑址怎么也找不到。其中著名的书法家沙孟海老先生的文献功底非常好，他就写文章考证说，只有郊坛下官窑，修内司官窑是不存在的。他认为"修内司"只是个管理机构，并不是一个窑口的名字，所以不存在修内司官窑。确实当时在杭州并没有发现除郊坛下以外的其他窑址。在刚才提到的文献中有"邵成章提举后苑"，沙孟海考证后认为邵成章官职很高，但在宋徽宗时被发配到云南去了，后来一直就没有再回来过，所以邵成章不可能来管理南宋时期的后苑。且文献中也确实有记载"修内司"是一个官方的管理机构，所以只有郊坛下官窑。根据这些研究，当时在八卦田郊坛下窑址成立的博物馆就名正言顺地称为"南宋官窑博物馆"了。

现在修内司官窑的窑址也已经发现了。最早在 1996 年就已经有收藏爱好者发现了窑址。后来到了 1998—1999 年，杭州市考古所也发表了发掘报告。修内司官窑的窑址在杭州凤凰山的半山腰，有一块平地叫老虎洞，那么现在我们也把它称为老虎洞窑。根据窑址的出土物，考证下来就是修内司官窑。到目前为止，南宋的两个官窑，郊坛下和修内司的窑址都找到了。但是北宋官窑窑址到现在还是没有找到。根据刚才提到的文献，北宋徽宗时期，在京师也就是现在的开封，设置了官窑。考古队在开封做了很多勘探发掘工作，目的是找北宋官窑，基本上把整个开封城都翻遍了，打了很多的探沟，就是没有收获。因为考虑到开封地区附近曾经有黄河泛滥，历史上经过大概有七八次大泛滥以后，宋代的开封城遗址已经在地面 8 米以下了，根本无法找到。因为没有发现北宋官窑的窑址，就有人认为不存在北宋官窑，或者认为汝窑就是北宋官窑。我认为还是要相信文献上的记载，因为刚才提到的那段文献，随着考古工作的深入，已经慢慢地使每一条都得到了证实。郊坛下、修内司窑都已经找到，那么北宋官窑存在的可能性也是很大的，只不过可能是在地面 8 米之下，目前还没有办法找到而已。所以现在我们如果讲宋代的官窑，仅仅是讲南宋的官窑，而不包括北宋的。

关于南宋官窑的特征：

第一，它使用的胎泥中配入了紫金土。紫金土是产在浙江的，主要在杭州，特点就是含铁量比较高，经过烧制后会呈现出深颜色。如果拿到一件南宋官窑的器物，一定要看看它露在外面的胎。如果器物是满釉的看不到胎，那么至少可以从支钉痕来看到胎的颜色，一定是深颜色的，接近黑褐色。

第二，就是南宋官窑一定属于青釉系统。青釉中最好的颜色是粉青，其次是米黄色。如果经过很好的还原焰烧制，就会出现粉青色；如果是在氧化的气氛下烧制，就会显现米黄色。这两种颜色都是属于青釉系统。当然粉青也还有浓、淡的区别，粉青中会有像那种鸭蛋壳一样淡淡的粉红色。南宋官窑釉的质地如玉一般，它不是像玻璃一样的光亮，它的光泽比较柔和，有点亚光，内敛含蓄。南宋官窑最好的品种应该是薄胎厚釉，这种釉其实并不是一次性完成的，一定要多次上釉，这就要求薄胎，才可以多次挂釉，这才是胎釉的特征。

老虎洞窑发掘报告把窑址分为五层，最上面的第一层是元代的，向下第二层是南宋晚期的，第三层是南宋早期的，第四、第五层是北宋时期的，不过均为民窑的产品。整理发掘的材料，就第二层南宋晚期和第三层南宋早期的来看，可以发现几个规律性的变化：一是器物的器型由大到小。南宋早期的器型比较大，晚期的器型比较小。二是器物的圈足由高到低。如盘或碗，它们的圈足早期的就要高一点，到了晚期要低一些。三是早期的圈足外撇，到了晚期慢慢地变直。四是器物的胎早期比较厚，到了晚期变得比较薄。五是早期的器物支烧多，晚期的垫烧多。以上就是南宋官窑早期和晚期的区别。

第三，南宋官窑还有一个重要的特征就是紫口铁足，口沿部分的釉下垂，露出里面的胎的颜色，这个就叫"紫口"。足端的地方刮釉露胎叫做"铁足"。这都是和使用紫金土有关系。

第四，就是用开片作为装饰。开片有几种形式：一种叫冰裂纹，像冰裂一样，有深度变化。之前在讲汝窑的时候曾提到，器物上面有冰裂的开片，有时候是多层次的，这种开片是最漂亮的。一种叫蟹爪纹（图一），就是像螃蟹爬过的痕迹，

图一 官窑弦纹瓶

一条一条的，有时候交叉，有时候不交叉，开片比较疏朗。还有一种叫网格纹，像网格一样排列，有方的，也有圆的。官窑的器物保存到现在已经超过八百多年，接近九百年的历史了。当时器物的开片是没有颜色的，但是随着时间的流逝，空气中的灰尘、水蒸气、脏东西等都会侵入到开片里面。还有的器物可能是陪葬的、窖藏的，接触到泥土了，所以我们现在看到的官窑器物的开片大多是有颜色的，这种颜色是自然形成的，不是人为加工的。

图二 官窑龙纹洗（开片）

开片的颜色多是偏金黄色，这种较淡一些的金黄颜色不是人为的，与哥窑的开片要区别开来（图二）。哥窑器物开片的颜色是人为制作出来的，哥窑器物制作完成后会浸入墨汁，然后再拿出来，开片就会有很深的黑颜色。后来时间长了，器物的表面还会继续产生小的开片，颜色就不会那么深了，但还是有灰尘等东西侵入小开片，所以小的开片就会呈现出金黄色。

图三　哥窑贯耳八棱瓶（金丝铁线）

哥窑两种不同颜色开片的特征就称为"金丝铁线"（图三）。对官窑来说，它没有人为的染色，就只是有金丝的颜色，也不会很深很深，黑如铁丝的颜色是绝对不可能出现的。这是官窑和哥窑的一大区别。

第五，关于支钉痕。南宋官窑部分器物是支钉支烧的，这就要求支钉的材质要和胎的材质一致，也就是说都要使用紫金土。这样在烧造过程中器物和窑具的收缩率才会一样。否则，如果使用不同的胎泥制作支钉和垫饼，收缩率会不一致，器物在烧制过程中会产生开裂，废品率将大大提高。所以器物在烧好之后会敲掉支钉，留下来的支钉痕应该是深颜色的，可能露出来是胎的颜色，也可能是支钉留下的痕迹。官窑支钉的痕迹有多大呢？我们讲到汝窑的支钉痕是"芝麻钉"，而官窑的支钉痕要比汝窑大一些，接近绿豆的大小和形状。汝窑的支钉一般是三个或五个，只有水仙盆是六个。而官窑的支钉数极少数是三个，基本上是五、六、七、八个，甚至可以到十二个。南宋官窑中还有的器物有内外两圈支钉，这样数量就会在十个以上。

第六，南宋官窑的造型。圆器多是六曲、七曲、八曲花口，以盘和洗为主。

第七，少量器物装饰有花纹。有在盘和碗的外面装饰莲瓣纹，还有弦纹，凸出来两三道弦纹，为的是要给器物装两个耳，方便确定耳的位置和高低。此外，还有龙纹和花卉纹。

第八，就是器型仿铜器和玉器的礼器。有的仿青铜器的簋；在商周时期簋是盛装食物的，到了宋代，这类器物的功用已经发生改变，成为一种香炉的样式，我们称为"簋式炉"。鼎；有两个耳和三个足，也是作为祭祀的礼器。对宋代人来说，是作为香炉供香的。樽；是直筒形的，下面有三个矮足。汝窑器型里有，官窑里也有。青铜器的器型有自名谓"酒樽"的，也就是古代人用来盛酒的。青铜樽还配套有一个托盘，樽里面放一个勺子，樽的上面有盖子。宋代人用瓷器来仿照的樽，也是作为香炉，叫"樽式炉"。还有鬲式炉；模仿青铜鬲的造型。贯耳壶；两边各有一个直通贯耳。觚；古代一种饮酒器。琮式瓶；仿玉的礼器，不是用来插花的。鹅颈瓶；颈比较粗一些。还有夹层碗。这些都是仿青铜和玉礼器的器型，都不是日用器，都是南宋官窑具备的器型。

那么为什么南宋官窑里面会出现仿青铜和玉礼器的器型呢？这一点大家需要了解。如果看到一件琮式瓶瓷器或簋式炉，别人告诉你，这是汝窑器，可千万不要相信，这个就是器型学里面的道理。我们要知道一件器物的器型出现的时代，像仿铜、玉礼器的器型，在北宋的时候是不会出现的，它一定是南宋的器型。如果看到一件定窑白瓷仿铜、玉礼器的造型，那么它的时代应该是金代而不是北宋。

在中国古代，国家比较重视战争和祭祀。宋代的时候，祭典活动有十几项，包括祭天、祭地、祭社稷、祭郊坛、祭宗庙、祭明堂等等。在一年里面有好多次的祭祀活动，那是整个朝廷的活动。不过陶瓷器，特别是瓷器，在北宋朝廷的祭祀、祭典活动中都不是重要的祭器，当时的祭器主要是青铜器和玉器。到了南宋的时候，这种情况发生了改变，瓷器作为礼器的功能越来越突出。这个时期的南宋官窑瓷器不是作为餐具、陈设和把玩，而是成为了一种礼器的象征，瓷器的礼器功能也就从此开始彰显了。

为什么南宋初期朝廷会发生这样的改变呢？这与当时的政治、经济形势有关。北宋末年发生靖康之变，金人攻入京师汴梁，大肆地搜掠抢夺，当时北宋的徽、钦二帝都被金人掳去北方了。在这样的情况下，宋高宗赵构就离开汴京南下迁徙，改元建炎。在建炎二年的时候，宋高宗先到了扬州，在扬州设立了一个郊坛开始祭祀，当时缺少祭祀的礼器，他就只好召集还滞留在东京汴梁的一些官员带着礼器过来，这些礼器都是宋徽宗的时候新做成的礼器，都是用青铜制作的。

到了建炎三年的时候，金人继续南下，宋高宗仓皇南渡。从汴梁带来的青铜礼器在逃难的路途中大部分都散失了。当时南宋也没有那么多财力物力像北宋一样大量制作新的铜礼器。《续资治通鉴》记载绍兴十三年"祭器应用铜、玉者，权以陶、木，卤簿应用文绣者，皆以缬代之。"这里就明确提出了铜、玉材质的礼器，应该用陶瓷器、木器来代替，"卤簿"就是指古代帝王出驾时，扈从的仪仗队的旗帜等，本来应该用很华丽的布制成，现在都以简单的布来代替。这则文献就告诉我们，南宋宫廷由于祭祀的需求，对瓷器的需求量增加了。

《中兴礼书》卷五十九《明堂祭器》："（绍兴元年）四月三日，太常寺言：条具到明堂合行事件下项：一、祀天并配位用匏爵陶器，乞令太常寺具数下越州制造，仍乞依见今竹木祭器样制烧造……"根据这条记载，最早在绍兴元年，南宋宫廷祭祀的陶瓷礼器是在越州，也就是当时绍兴府余姚县烧造的。同前书《明堂祭器》："（绍兴四年）七月二十八日，礼部太常寺言：'将来明堂大礼合用祭器等约九千余件，见今绍兴府烧造陶器，临安府、文思院制造竹木器等，将欲毕备，委实别无安顿去处，乞下临安府指挥所属，权令置库安顿。'诏依。"可以看到在绍兴四年的时候，朝廷下令让绍兴府余姚县烧造 9000 件瓷器，可知所需祭器数量之大。越窑在唐代以来一直到北宋初期都是全国重要的窑场，其产品的质量和数量都是很高的。同前书载："（绍兴十三年）四月二十九日，礼部太常寺言，勘会国朝祖宗故事，遇大礼其所用祭器并依三礼图用竹木制造，至宣和年做博古图，改造新成礼器，内磷簋尊爵站盂洗用铜铸造，余用竹木，今来若并仿博古图样制改造，内铜器约九千二百余件，竹木一千余件。其铜约用三万余。若更制造准备值两祭器，委是功力浩大，窃虑制造不及，今看详欲乞先次圆坛上正配四位合用陶器，并今来所添从祀爵并依新成礼器仿博古图，内陶器下平江府烧变，铜爵令建康府铸，其竹木祭器令临安府制造。"到了绍兴十三年的时候，陶瓷器的制作已经从绍兴府余姚县转到了平江府，平江府就是今天的苏州地区。从以上几条文献的记载，我们可以了解到在临安府设立修内司窑之前，朝廷在绍兴府和平江府都有烧造官方祭祀用的陶瓷器。所以从广义上讲，余姚官窑和平江官窑也都属于"南宋官窑"。现在随着考古工作的发展，我们在宁波地区的慈溪市的低岭头已经发现了"余姚官窑"的窑址，慈溪市在南宋的时候就是属于绍兴府余姚县的，这也符合文献的记载。

绍兴十三年以后，宋高宗和大臣们对于余姚县和平江府两地所生产的祭器不太满意。于是在绍兴十四年的时候，成立了一个机构叫"礼器局"，专门负责礼器的制造。到绍兴十六年的时候，就设立了修内司官窑，后来又设置了郊坛下窑。这两个窑烧造的礼器得到了宋高宗的赞许。这也就是我们今天一般所讲的南宋官窑。修内司和郊坛下两个窑口为朝廷烧造了绝大部分的明堂祭奠礼器以及陈设器和生活用瓷，这种情况一直持续到南宋灭亡。那么也就是说，陶瓷器中礼器这种器型是南宋官窑所独有的，如果一件天青色的汝窑器物是礼器的造型，那么这件东西肯定就是不对的，因为这不符合宋代的礼制。

还有一个情况，当时两个官窑因为产量有限，有来不及烧造的情况，因为宫廷除了祭祀用器外还有大量的生活用器，当时浙江的龙泉窑也烧宫廷用瓷，我们现在称它为"龙泉官窑"。龙泉官窑的特点与南宋官窑类似，因此龙泉官窑也可能由修内司管理。我认为龙泉官窑中有一部分的器物是可以识别的，就是那些经过高温烧造的器物，釉面的光泽会比南宋官窑强。还有一部分器物，烧造的温度略低，那么它的釉面光泽就比较柔和，与南宋官窑就很难区别，特别是完整器。比如鬲，龙泉窑烧造了不少，南宋官窑也有这样的器型，两者的釉色比较接近。完整器又无法看到断面胎的颜色质地，所以在窑口的判断上会比较困难。如果是标本的话，因为龙泉窑烧造的温度会高一些，所以相对的，我们从瓷器的断面上来看，龙泉官窑的开片会比南宋官窑的深一些。有一年我和上海博物馆的同事一起到浙江省考古研究所调查，他们给我们拿出两筐瓷片，一筐是郊坛下官窑，另一筐是龙泉官窑。两筐瓷片胎和釉色都十分接近，很难区分。我们就问浙江考古所的工作人员，两个窑口要如何做区分，他们也没有讲出个所以然。我们在上手瓷片的过程中，手被某类瓷片刺破，皮肤隐隐渗血，因为这种瓷片的断面有尖角如刺，这种瓷片就是龙泉官窑（图四右），而郊坛下窑瓷片的断面没有这么锋利，比较平缓（图四左），也就是说龙泉官窑的开片比较深，破片时，胎、釉断裂不同步，其断面保留了釉层的尖角，这是区别两个窑口的一个重要特征。

图四 南宋官窑、龙泉仿官瓷片

哥窑是宋代五大名窑之一，它和钧窑一样，不见宋人文献的记载。

我们前面提到的文献中就没有讲到钧窑和哥窑，只有定窑、汝窑、龙泉窑、官窑和越窑。所以我们现在的研究认为钧窑和哥窑很可能都到不了宋代，年份要更靠后一些。最早关于哥窑的记载是明初曹昭的《格古要论》："旧哥窑色青，浓淡不一，亦有紫口铁足，色好者似董窑，今亦少有。成群队者元末新烧者土脉粗糙，色亦不好。"就是说哥窑也是青釉瓷器，釉色有浓淡的区别，这与烧造的温度、气氛有关；与官窑一样也是"紫口铁足"，说明用的也是紫金土，其中釉色比较好的与"董窑"类似，但我们今天还不清楚董窑瓷器的面貌。《格古要论》中讲董窑也是烧青釉的。元代末期新烧造的哥窑瓷器，胎质粗糙，釉色也不好。我们可以了解到，明初人认为有新、旧两个时期的哥窑器。从这一段话来看，曹昭讲的旧哥窑的时代可能要到南宋晚期或元代早期，因为新哥窑是元代末年烧造的。

依照上面文献描述，旧哥窑的瓷器，现在两岸的故宫博物院和上海博物馆等一些大的单位均有收藏，我们称为"传世哥窑"。上海博物馆收藏的这件哥窑，有 5 个乳丁的，开片就是"金丝铁线"（图五）。这件哥窑很有名，现在展厅里展出。那么为什么叫它"传世哥窑"呢？因为到现在为止，我们还没有发现烧造这类瓷器的窑址。相关的文献记载，最早也要到明代，宋和元的文字记载根本就没有。

图五 哥窑五足洗（金丝铁线）

哥窑的特征与官窑相似，区别在于开片，我们把哥窑的开片称为"金丝铁线"，也叫做"文武片"。哥窑瓷器在烧好刚出窑炉的时候，开片比较大，这时把它浸入墨水之中，大的开片就会染成黑色。过一段时间包括使用中，它还会不断地开裂，还会不断地被空气中的杂质侵入，产生淡雅的金黄色的细开片。这样哥窑就会有黑色和金色两种颜色的纹片，我们就把它称为"金丝铁线"。

《格古要论》中提到的元末时期烧造的新哥窑，现在在杭州凤凰山老虎洞窑址第一层被发现了。也就是说南宋官窑的上面一层（第一层）是元代的，第二、第三层是南宋的。考古发掘在老虎洞第一层的一些窑具上发现了元代的八思巴文，证明了这一层是元代的文化层。在第一层中出土的盘和碗的底上书写"官窑"两个字的标本发现了两片，说明元代有人在这个地方继续烧造类似南宋官窑的产品。

  元代人孔齐《静斋至正直记》记载："尝议旧定器、官窑等物皆不足为珍玩，盖予真有所见也。在家时，表兄沈子成自余干州归，携至旧御土窑器径尺肉碟二个，云是三十年前所造者，其质与色绝类定器之中等者，博古者往往不能辨。乙未冬在杭州时，市哥哥洞窑器者一香鼎，质细虽新，其色莹润如旧造，识者犹疑之。会荆溪王德翁亦云：'近日哥哥窑绝类古官窑，不可不细辨也。'今在庆元见一寻常青器菜盆，质虽粗，其色亦如旧窑，不过街市所货下等低物，使其质更加以细腻，兼以岁久，则乱真矣。予然后知定器、官窑之不足为珍玩也。所可珍者，真是美玉为然。记此为后人玩物之戒。至正癸卯冬记。"这里面提到了元末乙未年冬天在杭州，作者买了"哥哥洞窑"的一个鼎式炉，就是一种香炉。质地非常细腻，虽然是新烧造的，但是釉面莹润有光泽，好像南宋官窑的产品一样，不由得让人产生疑问。恰好在宜兴碰到了王德翁，他也说最近生产的"哥哥窑"与古代的南宋官窑十分类似，不能不仔细地分辨。这里"哥哥洞窑"与"哥哥窑"应该是指同一个窑，我认为这里的"哥哥洞窑"就是哥窑，而且从这条文献来看，"哥哥洞窑"应该在杭州，很可能就是老虎洞窑第一层的产品。因为元末与明初相隔不远，也符合明初曹昭《格古要论》中提到的"元末新烧者土脉粗糙，色亦不好"的记载。

  那么是否有纪年墓出土的器物来互相引证呢？在上海博物馆陶瓷馆陈列了3件瓷器——贯耳瓶、胆式瓶和簋式炉，这3件器物是1952年在上海市青浦县重固乡元代任氏家族墓地出土的。任氏家族里面最有名的就是元代末的大画家、水利专家任仁发，这3件器物就是在他的家族墓地出土的。在这个墓地还出土了很多的瓷器，大部分是元代景德镇窑的器物。还有2个簋式炉、2个胆式瓶、2个贯耳瓶，就是这6件器物被定为南宋官窑瓷器。因为晚期的墓葬可以出土早期的器物，现在上海博物馆展览中还是把这组器物定为南宋时期。1956 年以前青浦属于江苏省辖，因此任氏家族墓的考古工作是江苏做的，后来青浦被划为上海管辖，任氏家族墓出土物就一分为二，一半在上海博物馆，另一半在南京博物院。

因为任氏家族墓是元代晚期的，出土的器物基本上也都是元代的，有景德镇的枢府白瓷，也有龙泉窑青瓷，单单把这 6 件器物定为南宋官窑是有问题的。我认为任氏家族墓的这一组器物应该就是杭州老虎洞窑址元代烧造的，也就是上述文献提到的"新哥窑"。还有一个出土的例子，南京明初汪兴祖墓出土了 11 件青釉葵口盘，这 11 件器物的窑口到底是"官窑"还是"哥窑"一直有争议。考古的人是把这一组器物定为了"官窑"。前两年故宫博物院有一个大新闻，就是在实验室操作时，意外弄碎了一件哥窑花口盘。这件花口盘就是南京汪兴祖墓出土的，后来调拨给了故宫博物院。汪兴祖墓出土的 11 件，仿"官窑"葵口盘，印证了文献中记载哥窑"成群队者，元末新烧者"之说。任氏家族墓出土的 6 件"官窑"瓷器，也属"成群队者"，符合荆溪王德翁云"近日哥哥窑绝类古官窑，不可不细辨也"之说。

哥窑五足洗 宋

高：9.2 cm 口径：18.8 cm

哥窑鱼耳炉 宋

高：8.9 cm 口径：11.9 cm

哥窑米黄釉带盖豆 元

高：30.2 cm

官窑弦纹瓶 宋

高：33 cm 口径：9.7 cm

官窑簋式炉 南宋

高：10.5 cm 口径：17 cm

官窑镂空樽式套炉 南宋

高: 12 cm　口径: 17.5 cm

民窑系

/ 耀州窑系

/ 磁州窑系

/ 龙泉青瓷系

/ 景德镇青白瓷系

/ 建窑黑釉系

/ 吉州窑系

耀州窑系

　　辽是北方少数民族（契丹族），年代与五代、北宋相交叠。金代（女贞族）与南宋对峙，北方为金代，南方是南宋。蒙元击败了金、南宋，完成统一。辽、宋、金、元（公元 907 年—1367 年）是中国制瓷业繁荣昌盛的时期。

　　这段时期，中国制瓷业的状态是百花齐放、名窑迭出，各地窑场以及不同的品类，精彩纷呈。关于这段时期的窑业总结，有两大说法：一是"五大名窑"（汝、官、哥、定、钧）；这种五大名窑的说法，源自古人，有文献记载。辽、宋、金时期，中国最好的瓷器出自五大名窑。第二种说法是"八大窑系"，八大窑系是现代说法（最早见于 1982 年版《中国陶瓷史》，谓六大窑系）。有学者提出，从考古用语来说，八大窑系的说法并不妥当，用八大类型更好。八大类型和八大窑系含义虽然类同，但用"类型"更为科学、严谨，当然用"窑系"也无不妥。五大名窑的提出源于古文献记载，八大窑系的说法则是基于考古发现和窑址考察。

　　八大窑系中，南方四个——景德镇青白瓷系、龙泉青瓷系、建窑黑釉系、吉州窑系；北方四个——钧窑系、定窑系、耀州窑系、磁州窑系。"窑系"是指民窑中的佼佼者，就是创出了瓷器品牌以后，在这个窑口附近或其他地区竞相仿烧。我们将这一类品种、工艺都相似的归为一个类型或一个窑系。因为民窑生产的是商品瓷，凡是商品就会有市场竞争。比如在宋代，就有很多诗文赞美定窑，如此，仿效的定窑产品也会比较受欢迎，且有市场。被称为"窑系"的，一定是民窑。如果不是民窑，而是作为为宫廷烧造的器用或礼器，如官窑、汝窑、哥窑等窑口，有官方派人管理，这类窑口烧造出来的不是商品，不能在市场上流通。因此，同时期不可能在市场上出现仿效品。所以汝窑、官窑、哥窑等贡御瓷不可能形成窑系。可以归入窑系的一定是民窑。但有名的民窑，也有贡品。如五大名窑中有定窑和钧窑，性质属于民窑，但亦有土贡。耀州窑瓷器也有进贡朝廷。

一、定窑系

定窑的特征：

1. 白瓷、覆烧工艺、金属扣。

2. 花瓷（有刻花、印花）。

3. 胎薄釉柔，釉色白中闪黄，称"象牙白"。

4. 因为胎质好，所以不用化妆土（相对比的磁州窑，则粗料细作，会用化妆土）。

综上所述，白瓷釉呈牙白色，有芒口（只有盘、碗覆烧），有刻花、印花装饰。不用化妆土的白瓷器，就属于定窑瓷系。

辽代已经有了仿定白瓷。宋、金时期，河北的井陉窑、内丘邢窑（五代后衰弱，北宋后名声已不如定窑，所以开始仿定），山西介休窑烧白瓷。元代文献有：山西霍县戗金匠彭均宝烧仿定器的记载（以地方命名，称霍窑；以人命名，称彭窑）。彭窑属于定窑瓷系，时间上到金，晚到元。定窑系形成的时间，从五代一直到元。定窑进贡御用是在北宋的中晚期。

二、钧窑系

钧窑是以天蓝釉为主的，特征为：

1. 天蓝釉及点缀红斑。

2. 厚胎厚釉。

3. 有釉色青绿的品种，称为绿钧。

4. 钧窑少装饰（因为釉厚，所以刻花等不易表达。仅有贴花装饰，如铺首、花朵等，这种贴花装饰在元钧上有，之前不见）。

钧窑系在北方地区，河南禹县是钧窑的故乡，禹县周围如临汝、郏县、宝丰、鲁山，还有河南省西面的新安、宜阳，豫北的辉县、淇县、鹤壁、林县、安阳，河北省的磁县，山西省的浑源，内蒙古自治区的包头。仅有一处位于南方（近年才发现），就是浙江省的金华铁店窑，但金华铁店窑钧瓷的烧造时间在元代，相对较晚。钧窑系形成时间较晚，基本到金、元时期才形成（金代钧窑器内外及足底均上釉；元代钧窑器足底里面不上釉，器外上釉不到底）。

三、耀州窑系

耀州窑是宋代北方著名瓷窑。以今陕西省铜川市黄堡镇为代表，包括陈炉镇、立地坡、上店及玉华宫等窑在内。铜川过去叫同官，宋代时，同官属于耀州管辖，因此称耀州窑。铜川产煤，同时这里出坩子土（成分相当于瓷土）。煤加瓷土是烧瓷的基本条件。

宋初文人陶穀《清异录》："耀州陶匠创一等平底深碗，状简古，号小海瓯。"这是关于耀州窑的最早记录。南宋时，陆游的《老学庵笔记》中也有"耀州出青瓷器，谓之越器，似以其类余姚县秘色也"的描述。

介绍一下越窑和耀州窑的实物比较。考古发现耀州窑从唐代开始创烧，但当时不烧青瓷，青瓷是从五代时期才开始烧的。五花口是五代瓷器的特征，同时晚唐及北宋早期也都可能有五瓣花口器。

浙江越窑和耀州窑的比较：五代时期，耀州窑胎体的含铁量较高，呈深褐色，而越窑胎色相对要浅，呈浅灰色。越窑满釉支烧，底足支钉痕比较多，形成一圈。耀州窑亦是满釉支烧，底足却只有三个支钉痕。耀州窑是宋代北方著名的青瓷产地，古人称其"越器"，后人称其为"北龙泉"，今人称其为"耀州窑"。

越窑、秘色瓷、耀州窑青瓷之间的区别：秘色瓷是最好的越窑，主色青绿。越窑和秘色瓷在唐代中晚期就脍炙人口，如陆龟蒙的《秘色越器》："九秋风露越窑开，夺得千峰翠色来。"陕西扶风法门寺地宫出土的14件秘色瓷，据咸通十五年（874年）"衣物帐"碑，属于唐代晚期器。陆羽《茶经》："瓯，越也。瓯，越州上，口唇不卷，底卷而浅，受半升已下。"唐代中晚期，越窑已经被很多人称赞。五代至北宋早期，越窑工艺日趋精良，并作为吴越之地的贡品向北方的后唐、后晋、后汉上贡秘色瓷，这类秘色瓷有的还镶有金银扣。北宋初，吴越之地依旧进贡越窑秘色器。最早仿越窑的，是北宋时期浙江龙泉窑。龙泉窑自仿烧越窑开始（图二），一直到南宋中晚期，才创烧出有自己独特风格的青瓷—粉青、梅子青。陕西铜川的耀州窑（图一），自五代开始烧青瓷，就是仿越窑。所以当时人称其"越器"。后人不识得耀州窑，只知这是一种产自北方的青瓷，与早期龙泉窑类似，故称其为"北龙泉"。

图一 北龙泉刻花瓶（实为龙泉窑）　　　图二 龙泉窑盘口瓶

耀州窑是新中国成立后发现的。曾经有过两次发掘，第一次是 1958 年—1959年，第二次是 1983 年—1984 年。大约在 1953 年，北京广安门外的基本建设工程中出土了一大批青瓷碎器。故宫博物院曾派人赴现场调查，采集了 300 多件瓷片标本，绝大部分是盘、碗一类的器皿。器内刻花，纹饰以龙、凤为主，还有花卉。出土标本制作工艺及外观基本一致，釉色大都青中显黄，当时初步确定属于同一瓷窑的产品。1957 年故宫博物院到黄堡镇耀州窑窑址调查，发现窑址标本与 1953年北京广安门出土的青瓷标本在胎、釉、制作工艺以及刻划花装饰方面有很多共同点，只是纹饰不同。第二次发掘在黄堡镇发现了烧制唐三彩的遗存。之前在河南巩县发现了唐三彩窑址，而黄堡镇是发现的第二处唐三彩窑址。唐代故都长安（今西安）唐墓中出土的很多唐三彩与河南巩县出土的唐三彩标本有差异，而黄堡镇的发掘成果，则填补了这一空白。

铜川的唐三彩有两个特点：一是没有蓝彩；二是釉彩装饰上没有手指印般的白色斑点。所以，如果一件唐三彩，有蓝彩或白色斑点装饰，那一定是巩县的产品。

耀州窑两次发掘出土的标本，宋代占了绝大部分。根据出土的铜钱和带纪年（年号）的印花模具，可将出土的北宋耀州窑瓷片分为早、中、晚三期。早期以青釉为主，器型简单，只有一种外刻莲瓣纹或简单花纹的深腹碗，外有花纹，内无（图三）；中期出土标本较多，是耀州窑鼎盛期，制瓷技巧成熟。在窑址附近，发现了元丰七年（1084 年）所立的石碑——《德应侯碑记》，碑文记载："居人以陶业为利，赖之谋生，巧如范金，精比琢玉。始合土为坯，转轮就制，方圆大小，均中规矩；然后纳诸窑，灼以火，烈焰中发，青烟外飞；煅烧累日，

图三 耀州窑刻花莲瓣纹碗

赫然乃成。击其声，铿锵如也；视其色，温温如也，人也是赖以为利，岂不归于神之功也？"形象地表达了耀州窑制瓷的过程和产品的质量。这一时期，耀州窑的产品，以青瓷为主，兼烧酱色釉，但凡生活中用器，盘、碗、盏、壶、俑等，都有烧造，且每一类器皿都式样众多。这在宋代窑口中属于少见。

耀州窑的装饰方法有划花、印花、刻花、剔花。划花：线条一致，没有粗细变化；刻花：用刀犀利，线条有粗、细、深、浅之变化（图四）；印花：模子压印，器物可能不是拉坯成型，因为上面有手指印（图五）；剔花：也叫"剔地留花"。耀州窑以刻花取胜，刀锋犀利、线条生辣。上海博物馆著名的耀州窑刻花梅瓶便是其代表作。耀州窑的印花装饰与定窑不同。总的来说，印花是定窑夺冠，刻花是耀州窑为首。

耀州窑器物底部通常施釉较薄，因为窑温较高，会呈现出黄褐色，类似于烧焦的痕迹，这是耀州窑的特点。耀州窑上釉往往漏釉，露胎处也会出现烧焦的色

图四 耀州窑刻花碗

图五 耀州窑印花八角盘

斑（图六），而越窑则不会出现这种焦黄的痕迹。

母子虎枕（图七），可以作枕头，也可以镇宅，以虎口巧作出气孔。

耀州窑的印花装饰，图案有缠枝花、禽鸟、游鱼、婴戏。因为耀州窑制作精美，在北宋中晚期成为了地方向朝廷的常年例贡。这类贡器是在黄堡镇烧制的，"元丰"为北宋中期年号。《元丰九域志》卷三有："耀州华原郡，土贡瓷器五十。"《宋史》卷八十七《地理志》也有耀州贡瓷的记载。1957年耀州窑窑址调查发现龙、凤纹标本，从而证实了1953年北京广安门出土的青瓷为黄堡镇耀州窑所烧之贡瓷。后被金人搜刮、掠夺，成为金人的战利品。耀州窑进贡的时期是神宗元丰年间到徽宗崇宁之间约三十年，即北宋中期至晚期。

北宋中期耀州窑标本的花纹呈多样化，有缠枝、折枝的菊花、牡丹、莲花。莲花又有把莲纹，由莲蓬、莲花、茨菰等扎在一起。耀州窑碗有饰三束把莲纹的，中间有字"三把莲"。明初永、宣青花盘上的把莲纹就是源自耀州窑。还有凤穿牡丹、云鹤纹（图八）、群鹤纹、博古纹、鱼纹（配水波）、婴戏纹（图九）、梅竹双清、童子持莲（也叫太子玩莲，寓意"连生贵子"），还有很少见的飞天纹样。

图六 耀州窑剔花执壶

图七 耀州窑母子虎枕

图八 耀州窑印花云鹤纹碗

图九 耀州窑刻花婴戏纹碗

图十 耀州窑刻花莲花纹碗

北方烧窑用煤，火焰短，易成氧化焰，成器青釉泛黄；南方用柴烧窑，火焰长，易烧还原焰，瓷器釉色青绿。

耀州窑窑址还出土了金代遗物，除青釉品种外，新起一种月白釉也很有特色。此时的器物，一般胎釉较粗，盘碗器物的内心有一圈是无釉的（为了叠烧）。金元时期，对瓷器的质量要求没那么高。所以，为了追求产量，民间商品瓷很多都采用叠烧。到金代，出现了一些新的纹样布局，比如在盘碗中用直线分六格，每格内均有相同的花纹（以青黄釉的厚胎粗瓷较多，同期其他窑场中也有类似图案），还有一种金代特有的图案是盘碗中刻划犀牛望月（不论哪个窑口，犀牛望月纹是金代特有的花纹）。到了金代，在粗糙的盘碗中，以一两道弦纹匡圈，内刻一朵莲花一片荷叶，这种一花一叶花纹也是金代特有的纹饰（图十）。

耀州窑是北方民窑中的佼佼者，北宋中期兴起，到晚期成熟的刻、划、印花装饰对临近地区的陕西旬邑窑、河南新安窑、临汝窑、宜阳窑、内乡窑、宝丰窑、禹县钧台窑都有影响，甚至远到广州西村窑、广西永福窑都生产了具有耀州风格的印花瓷器，形成了以耀州窑为中心的耀州窑系。

耀州窑也有仿紫定的酱色釉，还有仿黑定的黑釉，主要的区分方法是看胎，胎够白为定窑。

耀州窑刻花梅瓶 宋

高：48.8 cm　口径：7.5 cm　足径：11 cm

耀州窑药王像 宋

高: 45 cm

耀州窑剔花提梁倒灌壶 宋

高：18.3 cm 腹径：14.3 cm 腹深：12 cm

耀州窑刻花盖盒 宋

高: 18 cm 口径: 20 cm 底径: 11 cm

耀州窑刻花罐 宋

高: 13 cm 口径: 7 cm 底径: 5 cm

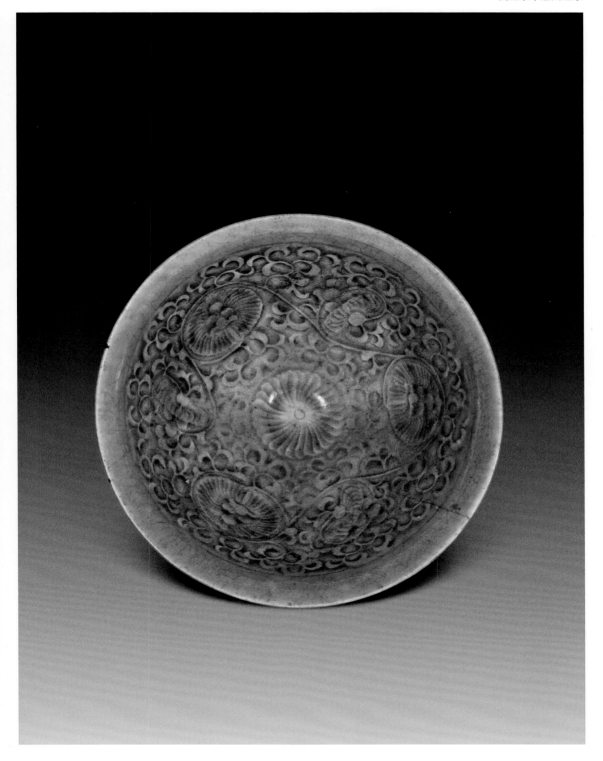

耀州窑刻花碗 宋

高：5.8 cm　口径：14 cm　底径：4.5 cm

磁州窑系

　　宋、金、元在北方形成了四大窑系，我们讲过了定窑系、钧窑系、耀州窑系。现在讲北方的第四个窑系，就是磁州窑系。磁州窑和磁州窑系是有区别的。磁州窑是古代磁州地域某个窑场被发现以后，并出土了很多瓷器的品种。那么和它具有相同或近似的工艺特征，器物面貌相近的，就把它们归到"磁州窑系"。所以窑系和窑其实是两个概念。最近几年大家在研究"窑系"的时候，有的学者提到，称"窑系"不是那么合适，认为要改成叫"类型"。因为从考古学的概念来说，"类型"要比"窑系"的提法合理。所以现在如果也有人讲到窑系的话，不提窑系叫类型，我觉得这两者其实都是可以的。

　　"磁州窑类型"的瓷器是指公元 10 世纪以来，中国北方广大地区生产的，一类具有相同或近似工艺特征和器物面貌的陶瓷。基本上磁州窑都是指瓷器，但也有一种是属于陶器范畴。就像唐三彩一样，这个也是磁州窑的一个品种，这种是低温釉烧成的。特别有一些枕头，我们过去叫"宋三彩"，现在叫"金三彩"，因为它是金代的东西，金三彩继承了唐三彩的工艺。唐三彩是陶器，到了金代的时候，磁州窑烧的三彩也属于陶器。

　　如今的河北省磁县，临近漳河的两岸有一个地方叫"观台镇"，对岸"治子村"，与峰峰矿区有一个"彭城镇"。这两个地方，历史上曾经是这类陶瓷的重要产地之一。磁州窑的窑址就是以观台镇和彭城镇为代表的。这两个地方，从隋代开始一直到宋代都隶属于磁县，而磁县在那个时候归属磁州管辖，所以就命名为"磁州窑"，而产品与它相类似的其他地区的一些窑场，在今天则被划入了磁州窑系，或者称之为磁州窑类型。那么这个窑以外的相关产品，指的就是辽代的辽瓷，还有西夏的西夏瓷。其实从它们产品的生产工艺或者器物形状，都应该是划入磁州窑类型的。迄今发现的磁州窑类型陶瓷窑场的遗址，分布在如今的河南、河北、山西、山东、安徽、陕西、宁夏、北京、内蒙古和辽宁等十个省、市、自治区，属于磁州窑类型的窑场总数达到 50 多处。在十个省、市、自治区的磁州窑类型的窑址中，以河南、河北和山西三个地方最为集中，大概50 多处里面它们要占 2/3。

磁州窑属于民间的窑场，生产的是商品瓷。它不像我们以前讲的，比如说官窑、定窑、耀州窑。这些有的是官窑，有的是贡奉的。而磁州窑是民窑，它生产商品瓷。所以磁州窑，它就需要争夺市场，生产上、中、下不同品质的产品，以适应不同层次民众的需要。另外除了争夺现有市场以外，它生产商品的目的是要推销出去，要变现，要求利，它一定要价格低廉。所以这就决定了磁州窑产品的特征：第一，品种多样，适应不同阶层民众的需要。它生产的品种有白瓷、黑瓷、绿釉、孔雀绿釉、三彩釉、白地黑花、绞胎和加彩。在宋代以前我们瓷器的品种有青、白和黑釉，对于磁州窑来说基本上它都有。孔雀绿釉是磁州窑的创新，金三彩则是继承了唐三彩衣钵，但对磁州窑来说唯一不烧的是青瓷。第二，磁州窑生产商品的目的是为了销售，所以在生产过程中要降低成本，用了"粗料细作"的方法。磁州窑瓷胎的用料叫大青土，这种土颗粒比较粗，含铁量比较高，多含有杂质。对磁州窑来说，先天的条件不是太好，和我们以前讲的定窑白瓷的用料白垩土是不能比的。但是它为了降低成本，就采用这个粗的料来细作。这个细作怎么做？就是粗料拉好了坯以后，用很好的高岭土做成泥浆，在胎外面上一层白色的泥浆料，我们叫"化妆土"。所有磁州窑的白瓷器，都用化妆土来增加表面的细腻，当然黑釉除外。第三，装饰手法采用剔花、划花、刻花、錾刻和绘花。对磁州窑来说，比较突出的工艺，一个是剔花，另一个是绘花。剔花就是拉坯成型，基本半干，上化妆土，再到半干，用尖锐的刀在化妆土上划出花纹图案，把外轮廓先画下来，然后用刀把花纹以外的地剔掉，使之露出它的胎（图一）。我们看这一件就是上了化妆土的，这个就是没有上的（图二），比较一下两者的区别。同样是白瓷器，定窑和磁州窑的白瓷，有什么区别呢？定窑的胎土用得比较好，是精炼过的瓷土，杂质比较少，它拉坯可以做得很薄，胎薄体轻。磁州窑因为胎土不是那么好，所以它拉坯做不薄，比较厚，再加上外面一层化妆土（图三）。所以磁州窑的白瓷，胎比较厚，而且还上了一层化妆土，这个一定是磁州窑的，而不是定窑的。第四，装饰的题材。磁州窑装饰

图一　磁州窑剔花罐

图二　定窑划花碗

图三　磁州窑划花碗

题材比较清新和民俗，贴近生活，有浓厚的民间生活气息。尤其是白地黑绘中的白地黑花是最具特色的。我觉得磁州窑值得收藏的或者应该重视的，主要就是白地黑花的瓷器，它把中国绘画的艺术和制瓷的工艺结合得相当精湛。白地黑花的瓷器中有一种门类叫瓷枕，瓷枕的面上有山水、花鸟、人物、诗词和警世格言。这些可以帮助我们研究古人的民俗、民风或者社会生活中蕴含的文化。

　　说一下磁州窑最具价值的工艺特色。第一就是白地黑花工艺。它所采用的黑料当地叫斑花石，其实就是一种富铁矿石，把它提炼磨细以后，画在化妆土上，再上一层透明釉，烧出来的就是白地黑花瓷，这个是磁州窑中最有代表性的一个品种。它把中国传统的绘画艺术应用到瓷器上，用瓷器代替纸，在上面作出画来。金代磁州窑的瓷枕上有很多图案，有小孩在钓鱼（图四）、踢球、玩鸟，还有马术、马戏等。金代人是游牧民族，春水秋山的题材都画在了瓷枕上。第二是剔花工艺。这件是磁州窑里面最高档的一种剔花。它是两种化妆土，底下上白的，上了一层以后，等到半干再上第二层黑的化妆土，并在上面剔花（图五）。由于是两层化妆土，它的胎是不露出来的，黑花纹下衬的是白色化妆土，黑白分明，非常漂亮。第三是釉上彩工艺——红绿彩。我们前面讲的所有的窑口，都没有出现过

图四　磁州窑白地黑花童子垂钓枕

图五　磁州窑剔花枕

釉上彩。釉上彩最早出现就是磁州窑，时间在金代（图六）。为什么说它也是磁州窑的代表作呢？因为虽然这种金代的釉上彩不是很突出的品种，但是金代的釉上彩为我们元代以后明清的景德镇窑，一直到现在我们讲的彩瓷工艺奠定了基础。没有那个时候的红绿彩，就不会出现明、清瓷器的五彩、粉彩、珐琅彩。它是一个源头，一个启示性的东西，所以它的价值是摆在这里的。最后是它的釉下彩制作工艺。到

图六 磁州窑红绿彩碗

了元代的时候就影响了景德镇的釉下彩的青花，釉里红其实也是从它那里发展过来的，只不过一个用了钴料，一个用的铁料。景德镇则用钴蓝和铜红料烧出了元青花和元代的釉里红。其实它的整个工艺过程在金代的白地黑花制作就已经开始了。这个属于文化上的传承。所以我觉得，磁州窑在整个中国陶瓷史上，它的地位虽然是民窑，但是非常重要。

再讲一下，除了白地黑花以外，它还有种红褐彩像元代时候釉里红的那个颜色，如果看到有这种颜色的话，那就是磁州窑已经要到元代了。日本有个特展，他们收藏的东西质量都很高。磁州窑由于是民窑，宋、金的时候，文献是没有磁州窑的相关记载的。一直要到明初洪武的时候，才刚刚提到了磁州窑，所以两岸故宫博物院磁州窑的东西都比较少。对磁州窑研究的高潮，要到民国初年的时候，1918 年在河北巨鹿县，那一年当地大旱，颗粒无收，人和畜饮水也困难了，只能挖井。偶然间挖出来宋代瓷器、玉器和铁器等，还发现了被大水淹掉的村落。消息传出来以后，很多古董商都闻讯去那里收东西。当地史料也记载，在宋徽宗早期的时候，由于黄河泛滥，这个乡镇被淹了。那个时候天津博物馆派人去调查，就发现农民挖出来很多瓷枕，而且瓷枕上刻写有纪年的字样，很多是磁州窑的东西。当时这个消息还传到了海外，很多日本人亦去收东西，

所以现在磁州窑的东西在日本有很多，而且大都是精品。就在这样的情况下，磁州窑才引起了国人的重视。

磁州窑系白地黑花是比较好的品种，除了磁州窑以外，窑系里面还有两个地方，一个是河南当阳峪窑，靠近焦作煤矿，一个是河南禹县的扒村窑，这两个地方的东西也不错。你看这件东西就是扒村的，这样的东西上海博物馆好像有一件（图七）。

图七　扒村窑白地黑花梅瓶

磁州窑里面有一种器型，就是这种瓶子，当地人习惯上叫它嘟噜瓶。其实它的样子就是梅瓶的一半。里面放了酒，因为在倒出来饮酒的时候，会发出嘟噜嘟噜的响声，所以当地人就给他取了这个名字（见图版 123 页）。

刚才讲到金代的三彩，那么它和唐三彩的区别在那里呢？一般来说唐三彩没有金三彩这样规规矩矩。唐三彩釉色上去以后，它会自然流淌，互相浸润。金三彩不会。还有就是器型上的区别，比如，器型口是花口，足是高足，这个就是金代的造型，那么这种造型一看就知道它一定不是唐代的。还有金三彩没有蓝彩，而唐三彩会有蓝彩。

辽三彩（图八）和金三彩虽然有区别，但现在辽三彩和金三彩都可以放在磁州窑类型。

图八　辽三彩海棠式盘

这种黑釉上面有一条一条直线的，也是磁州窑的一个品种（图九）。那么这个直线是什么呢？黑釉虽然不用化妆土，但它利用了化妆土的装饰方法，把化妆土的泥浆灌在容器里面，就像现在裱花蛋糕一样，把那个泥浆挤出来一条一条的在胎上拉直，它就变成这样的黑釉下的直线了。它是通过化妆土来表现它的直条子的。

图九 磁州窑黑釉白堆线纹瓶

孔雀绿颜色也是磁州窑一个特别的釉色，其他地方窑口是没有的（见图版 118 页）。

还要讲一个我们这里也没有的品种，就是扒村窑的。扒村窑的化妆土除了白的和黑的以外，它还有一种黄颜色的，有点像老虎皮一样的颜色。磁州窑瓷器是化妆土的艺术。

另外还有一个就是西夏的。西夏瓷器的产品属于磁州窑系，它是黑釉的，如果平放下来，有点像乌龟的造型，它是竖起来，两个系挂在马背上。以后看到这种工艺就应该知道是西夏瓷器，也是属于磁州窑类型的。

图十 登封窑珍珠地划花虎纹瓶

再来看珍珠地划花虎纹瓶（图十），属仿金银器錾刻工艺。这个其实就是用农村的麦秆戳印，成为珍珠地，是就地取材磁州窑装饰的一种。珍珠地最好的窑口是河南登封。这种錾花的瓷器一定是北宋的，或在北宋早一点的时间，但不会到金。而白地黑花的品种到金代了。

婴戏图是磁州窑用得较多的图案，亦叫太子玩莲，小男孩手持一朵莲花，其实寓意"连生贵子"。

比如这件就是比较标准的太子玩莲（图十一）。它是一个盆，比较宽边的外折沿，这个都是磁州窑的胎，比较粗糙。这种比较宽沿的盆，应该是到元了，盆在宋代是不大见的。

同样的东西，器型上比较好的是梅瓶和玉壶春瓶，有曲线美，市场价格也高。相对来说碗和盘就比较便宜一点。盘、碗、洗，叫圆器，梅瓶和玉壶春瓶叫琢器。琢器要比圆器制作难度高，也值钱。

图十一 磁州窑白地黑花婴戏纹折沿菱口盆

再讲磁州窑类型里的绞胎。这个在唐代的时候就已经有了，唐代的绞胎的东西和唐三彩一样，也是陶不是瓷。但是磁州窑类型里面的绞胎跟唐代的绞胎有所不同，它已经是瓷了。我们来看这个绞胎的小罐（图十二），留存下来真的不多。它要用白色和咖啡色的两种颜色的泥片一层层地交替贴上去。一层白的一层咖啡，再一层白的一层咖啡，绞了以后，形成一种花纹，有像羽毛纹一样的，还有像编席子一样的。对磁州窑来说，做成绞胎器的时候，口沿和圈足都是留白的。但是唐的绞胎器不会留白。

磁州窑还有一种叫"绞釉"，其实绞的是化妆土，再罩一层透明釉。烧制后变成行云流水一样，极为自然。

图十二 当阳峪窑绞胎小罐

磁州窑三彩鼠枕 宋

高: 9 cm　长: 25.5cm　宽: 11 cm

孔雀蓝釉黑花长颈瓶 金

高：17 cm

磁州窑白地黑花梅瓶 金

高: 49.2 cm

磁州窑剔花绿釉梅瓶 宋

高: 45.3 cm

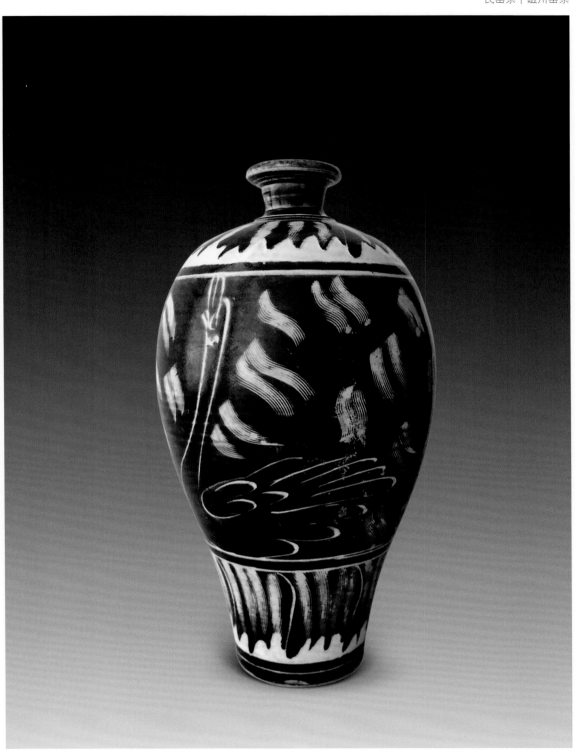

定窑剔地水禽纹梅瓶 宋

高：30.6 cm

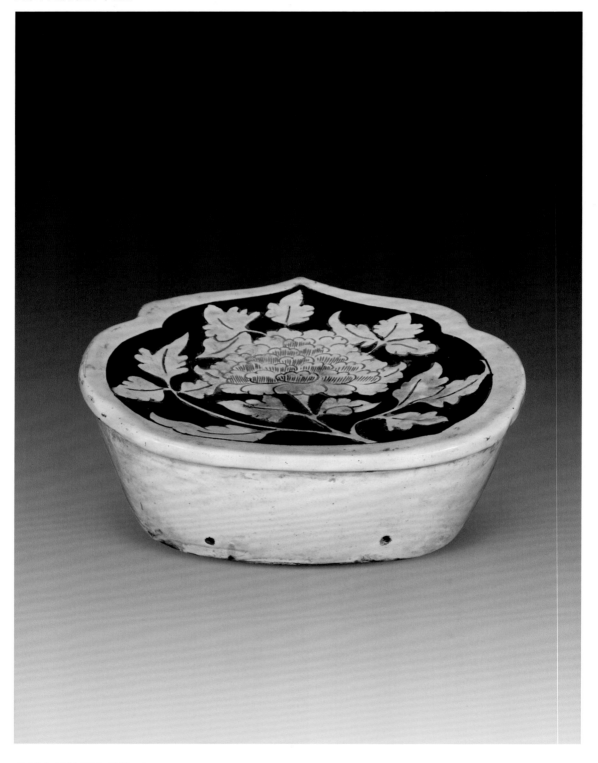

磁州窑黑地剔白花枕　宋

高：11.5 cm　长：29.5 cm　宽：26 cm

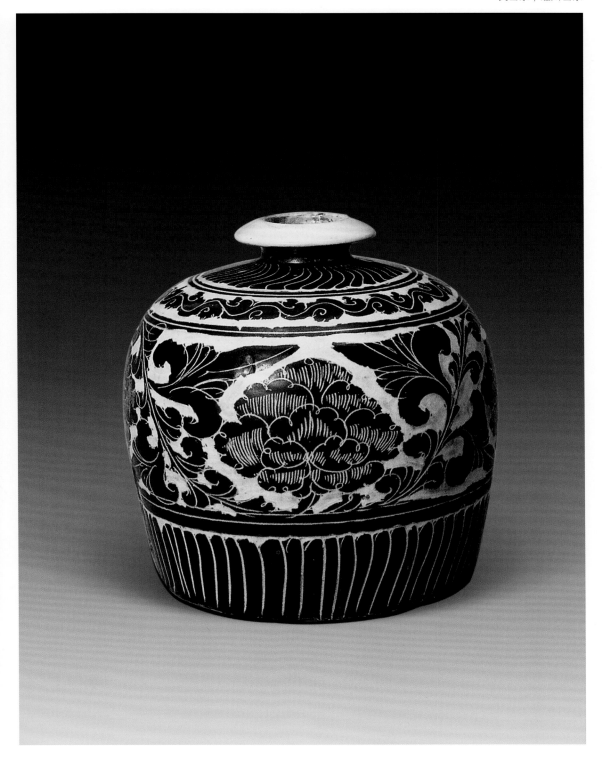

磁州窑剔花嘟噜瓶 宋

高: 20.5 cm

龙泉青瓷系

　　北方的四个窑系我们都讲完了。现在讲南方青瓷的代表——龙泉窑。龙泉窑是宋代著名的青瓷窑口，窑址位于现在浙江省西南部丽水地区境内的龙泉县。龙泉县除了烧龙泉青瓷以外，还有龙泉宝剑，亦很有名。宋代的时候，这个地区是属于处州，如果从大的范围叫它处州窑也是可以的。在龙泉县周围邻近的庆元、云和、丽水、武义、江山等县以及福建省的浦城、松溪，这一带都在烧造青瓷，而以龙泉为盛，龙泉的窑场最多。龙泉在宋代的时候已经见于文献，南宋时就有两本书里面记录了龙泉窑的瓷器。所以龙泉瓷自然就成为了南方青瓷的代表，而北方青瓷的代表就是耀州窑。这一带烧制的青瓷就形成了一个龙泉窑瓷系。

　　龙泉窑的发现比较早，在 20 世纪 20 年代的时候，龙泉窑已经受到考古人群和不少研究龙泉青瓷的中外学者的青睐，他们络绎不绝地奔向龙泉的大窑、金村、溪口等窑址，去考古或者寻找一些东西。还有上海、杭州的一些古董商也派人去那里四处收购龙泉窑的瓷片，收来以后把大块的、釉色好的、器型好的或者花纹比较漂亮的挑出来装一盒，然后出售牟利。我在上海博物馆工作的时候，馆藏参考品里面就有 20 世纪初期古董商把这种瓷片或者瓷器上交给上海博物馆的。所以说在 50 年代以前，当时大量的人去龙泉，挖掘瓷片成风，使龙泉窑的窑址受到不同程度的破坏。新中国成立以后，浙江省文管会等文物考古单位，以大窑、金村为重点，对龙泉古窑址进行了多次的调查与挖掘。因为大窑、金村是龙泉窑址的核心地段，那里出来的东西质量不错，而且这两个地方的烧窑时间比较长。从北宋经过南宋，到元朝一直烧到明朝，这两个地方对龙泉窑来说也是比较重要的古窑址。到了 20 世纪 70 年代的后期，我记得好像是 1977 年—1978 年的时候，为了配合当地紧水滩水库工程，与当地文物部门联系以后，决定在龙泉县境内进行范围比较广的抢救性发掘。因为一旦建成水库以后，窑址就会被水淹掉，以后龙泉窑考古发掘就成了问题。当时，我们选择了龙泉县的安福、大白岸、上严儿、安仁口等地方的窑址进行抢救性的发掘。那么这些点是谁选的呢？就是浙江省文物考古所，他们过去在龙泉县经过全面调查以后，认为安福、大白岸、上严儿、安仁口等地方都有古窑址。参加这次抢救性发掘的有浙江省文物考古所、中国历史博物馆、故宫博物院、上海博物馆，还有中科院考古研究所等几家单位一起参加，发掘清理了一批宋元时期的窑炉、作坊。这些窑炉都是依山而筑的龙窑。喜欢陶瓷的人都知道，古代的时候在中国南方和北方烧瓷器用的窑是不同的。北方烧窑，是用煤，窑身底下形状像马蹄形，上面是圆的，很像我们现在高庄馒头的样子，所以就叫它馒头窑。南方烧的窑和北方有区别，因为南方烧窑不用煤而用柴火，多用树枝、树干。龙泉窑地处山区，窑都筑在山坡上，而且窑是比较长长的身体，比如说有十几米、二十几米。我们在那里发掘的最长的窑可以达到八十米。所以南方的窑炉就叫龙窑。在清理发掘了一批宋、元时代的窑炉后，淘洗池、练泥池等遗址，还出土了大量的瓷片、窑具，包括匣钵、垫饼、竹刀，或者是金属的刀具等遗物。这为全面了解与研究龙泉窑各方面的问题提供了丰富的资料。我们发掘了龙泉窑的窑址，又经过考古出土了很多东西，而且因为龙泉窑是民窑，民间也有历年来出土的或者有纪年墓出的器物，另外它是有文献记载的。所以根据历次调查、发掘所得到的资料，我们可以确知龙泉窑创烧于北宋，南宋是它的极盛期，并开创了"龙泉风格"的青瓷，它具有龙泉窑独特的艺术风格。到了元代，龙泉窑有了比较大的发展。到明初，相当于洪武、永乐时期，成为了宫廷指定的"处州官窑"。处州官窑就是指明代的龙泉青瓷，那个时期，处州官窑烧制御用器和贸易青瓷。到明中期以后走向衰落，工匠慢慢地向外地流散，一直到清代中晚期。也就是说，龙泉窑从北宋开始创烧，一直延续到清代的中晚期。清代中晚期的龙泉青瓷，也被叫做"乍浦龙泉"，龙泉窑到那个时候已经不再烧了，迁到乍浦去了。这样算来，龙泉窑烧瓷的历史有九百年左右。

那么下面我主要讲一讲龙泉窑的分期与鉴藏。龙泉窑大致可以分为四个时期。先概括讲一下四个时期的特点。第一时期是北宋至南宋早期，仿烧越窑类型的青瓷。第二时期是南宋的中晚期至元早期，开创"龙泉风格"，我们叫"龙泉风格的瓷器"。一般我们在讲到某一件是龙泉青瓷或者龙泉瓷的时候，指的就是这个时期。如果搞收藏的话，主要是收藏第二时期里的东西，因为只有第二时期的龙泉窑才创造了自己的艺术风格。第三时期是元代的中晚期，发展与转型的时期。这一时期的瓷器存世量是最多的，但是由于与官方没有关系，它就要转型烧民用瓷和外销瓷。第四时期是明初（洪武、永乐），这个时期叫"处州官窑"。

第一时期，北宋到南宋早期，这段时期它是仿烧越窑类型的青瓷。器物的特点是厚胎薄釉，也就是说它的胎显得比较厚，但是它的釉又很薄。我们来看一下为什么那个时候它是薄釉？因为中国在龙泉窑烧制以前，所有窑口烧的带釉的瓷器，都是一种石灰釉。石灰釉的化学成分主要是钙，它的钙含量一般在15% 左右。石灰釉在高温下的黏度比较小，容易流淌，只能挂一层薄薄的釉，石灰釉只能"薄挂"。一般来说，薄釉的厚度多在 0.5 毫米以下，这种薄釉透明度高，釉面的光泽度强，表面的一层釉都已经完全玻化了，基本上呈现一种青绿的颜色，或者泛灰，就是灰青色，或者青中带黄的颜色。这块瓷片厚胎薄釉，釉层很薄，也叫玻璃釉，很薄的釉水，有点带青又带黄的颜色，俗称玻璃釉。

总的来说，因为是开创阶段，这一时期烧制的器型不是很多，比如一般日常用的碗、盘、执壶、茶盏与盏托，盒、罐、罂瓶（何谓罂瓶？就是越窑和龙泉窑出土器物，发现上面刻有字，表示为谁制作，为谁陪葬，做粮罂一件），这种罂瓶对龙泉来说是最具特色的。这一件就是多嘴罂瓶，亦叫五管瓶（图一），有五个管子，也叫多嘴罂或粮罂。另有一种罂瓶，就是盘口瓶，好像有一个小盘在器口，叫盘口罂（图二）。南方人的口音，五管和五谷差不多，均象征放置五谷的瓶。这种都是陪葬器，一般都从墓葬出土的。通常盘口罂、多嘴罂、执壶，三者成套出土。经研究，五管瓶盛放谷物，寓意为到阴间以后，有谷仓，有粮食可以吃。记得海外有一件盘口瓶，器腹题刻：瓶里装了很好的美酒，归去后庇护子子孙孙长命大吉，富贵平安。第一时期的产品主要是罂瓶，釉色像橄榄一样，青青黄黄的，是黄中带绿的那种颜色。

第一期产品的装饰手法，就是刻花，或者刻花加上篦划纹。篦划纹讲定窑的时候就已经讲到过了，定窑有篦划纹，以后耀州窑也有，然后就是越窑有，龙泉窑也有。因为龙泉早期是仿烧越窑的，所以它一定也是采用刻花纹再加篦划纹。那种篦划纹，间隙很密，平行划线。这种装饰手法在第一时期就有。有的内外两面都有花，有的仅仅是一面器内或者器外有花纹。而壶、瓶只能是单面刻花，但是碗、盘可以是两面有花。里面刻有花纹，外面刻有条纹，像放射线一样的。这

图一 龙泉窑莲瓣纹五管瓶

图二 龙泉窑盘口罂

图三 龙泉窑刻花碟

一时期里面，它的那个莲瓣纹有一个特点，就是圆圆的那个莲瓣尖，然后里面加篦划纹（图三）。因为第一时期是仿越窑的，所以有的人把这一时期划入越窑系，我觉得也可以，但是如果把它独立出来也可以。当时北方有一个青瓷的代表是耀州窑，耀州窑青瓷在北宋的早期和中期也是仿烧越窑的，因为越窑在唐代的时候秘色瓷就很出名，大家都在赞赏越窑，全国各个地方烧青瓷的，就都有意模仿越窑器。所以耀州窑早期的青瓷也称为北龙泉。上次我们讲耀州窑的时候也提到，上海博物馆里有一件藏品是耀州窑的，老的收藏家在盒子签条上书称北龙泉，你不会把它当作南方的龙泉窑，虽然它和龙泉有相似之处。说明龙泉窑和耀州窑开始创烧的时候，都是仿越窑的。第一时期的龙泉窑没有自己独特的风格，对于收藏的人来说没有必要收这一时期的东西，除非有纪年的，可以断代的，否则还不如去收越窑的东西。而且这种瓶说到底都是陪葬的，少有艺术欣赏的价值。

第二时期是从南宋的中晚期到元代的早期。这个时期的龙泉窑开创了自己独特的风格。总的来说，它的特点和第一时期的正好相反，第一时期的特点是"厚胎薄釉"，而第二时期龙泉窑的风格相对而言就是"薄胎厚釉"。薄胎厚釉主要是强调它的釉厚。薄釉是在北宋以前所有中国的窑口都只能烧石灰釉。但是到了第二时期，龙泉窑开创了龙泉风格的瓷器，烧成了石灰——碱釉。石灰——碱釉是什么？刚才说石灰釉是指它的钙含量为 15%，那么石灰——碱釉里面的钙含量是 10% 左右，它还有 5% 变成什么了？就是碱性金属氧化物，比如说钾、钠。碱就是氧化钾、氧化钠。石灰——碱釉在高温下黏度比较大，黏度大就不容易流淌，釉可以厚挂。厚挂釉不是一次可以完成的，需要经过多次施釉、多次烘烧才能厚挂。当上了一次釉以后，如果第二次再上，是不容易上去的。一定要经过烘烧，走掉一些水分，产生气泡孔，留下小窟窿，然后第二次上釉，釉就容易吸附到小窟窿里面。第二层釉上好以后，再经烘烧，第二层的表面又因为空气气泡走掉，再次形成了小窟窿。上第三层釉的时候，窟窿里再次吸附釉，经过第三次高温烧造，就形成了厚釉。上海博物馆陈列在龙泉窑橱柜里面有一块瓷片，瓷片的侧面可见厚釉，那个断面，可以看出来是三层釉，三层中间有两排气泡间隔层，很明显有三层釉面叠压的效果。

第二时期，龙泉窑釉色烧成了梅子青和粉青，那么这两种釉又有什么区别呢？粉青的釉稍微薄一点，大概是 0.5 到 1 毫米那个范围，梅子青的釉稍微厚一点。还有就是粉青在烧制的时候，温度略微低一点，梅子青要稍微高一点，之间相差约 50 度。粉青釉止火的温度要控制在釉的熔融温度范围的下限。当它达到最低的温度时就止火了，那么它会在熔融不完全的情况下，产生气泡、钙长石析晶或者残留的石英颗粒，由于没有完全玻化，所以会产生一种乳浊的感觉。当光线射入釉的表面，它就产生一种反射，给人一种温润如玉的特有效果。梅子青上釉要上得比较厚一点，基本上要多上一次釉，它的止火温度是在釉熔融温度范围的上限，釉面全部玻化了，没有杂质，釉层很有透明度。如果光线射入釉的表面，完全反射，反射光清澈透明。烧梅子青的窑炉里面还要保持特别强的还原气氛，才能够达到梅子青的效果，这是两者的不同。第二时期的釉色代表是粉青和梅子青，还有灰青和青黄的颜色。烧成青黄和灰青的颜色，就是在烧窑的时候放进空气多一些和空气少一些的区别。如果空气多一些，空气里面含的氧结合铁就变成黄色了。如果空气放进去少，里面的氧气少一点了，它就成还原烟，氧化亚铁便呈现出这种灰青颜色的青釉。区别就在于窑里的气氛，氧多还是氧少，就出现两种不同的效果。其实作为窑工是无意烧何种颜色的，无意识的人为控制，出现了不同的颜色。这其实也是一种窑变，是在窑里面出现的变化。有一种黄色烧得很漂亮，会有金黄色的感觉，很讨人喜欢。但也有人喜欢另一种青绿的颜色。你有意去烧，烧不出来，它是窑变偶然形成的，其实就是氧化和还原的效果。

第二时期的器型就比较多了，瓶有长颈瓶、胆式瓶、盘口瓶、龙虎瓶、琮式瓶、梅瓶、六角双耳瓶；炉有鬲炉、樽式炉；碗有敞口碗、花口碗、束口碗、敛口碗；还有执壶、水盂、双鱼洗、折沿洗、渣斗和花盆等。

第二时期装饰的方法，由于它是薄胎厚釉，釉层比较厚，所以在装饰上面摒弃了早先的刻花、划花的方法。就龙泉的粉青和梅子青而言，多为素面，比较注重釉质与釉色的装饰作用和美化作用。也比较注重器物胎骨结构的处理，在器物的边缘或者肩部、腹部等转折的地方，有意识地显露出它的胎色。龙泉窑是白胎，所以就显示出白与青的变化。比如说有一种鬲炉，就是三足炉（图四）。在三个足上面，加一长条的瓷土，就形成"出筋"。上釉以后，这个地方就变成薄釉，使它显现出来，露出胎的白色，展现出的线条挺拔且有力度。少数的带有装饰的制品，用堆塑、贴花、印花，使之凸现。堆塑就是把它堆

图四 龙泉窑鬲炉

起来塑造形象。有一种瓶子上面盘着一条龙，这就是堆塑，而不是贴上去的（图五）。还有采用贴花、印花这些办法可以使花纹凸现出来。比如我们讲的模印贴花，就是两条鱼先在模子里面把它印好，然后再把它贴上去。这个双鱼洗瓷片就是在里面贴了双鱼（图六）。还有在一些罐子上面贴龙、贴凤、贴花朵什么都有。另外还有印花，这种就叫印花（图七），那两个贯耳上都有印花，印花好像模糊一点，没有那么清晰。第二时期里面特别强调有一种莲瓣纹，刚才讲了第一时期的莲瓣纹是圆头的，里面有箆划纹，这是北宋的。第二时期的莲瓣纹，南宋的莲瓣纹比较宽，元初的就比较窄一点。

我们看这一件（图八），外面装饰有莲瓣纹，但是这个莲瓣你们注意看一下，是比较宽的莲瓣。

图五　龙泉窑堆塑蟠龙瓶

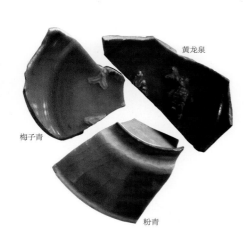

黄龙泉

梅子青

粉青

图六　龙泉窑双鱼洗瓷片

图七　龙泉窑贯耳瓶

同样的都是双鱼洗，南宋的素面，不流行装饰。那个比较宽一点的，虽然也是南宋，但要比窄的那个晚一点。再来看圈足，你用手摸它感觉底平、足宽、墙窄，这个是南宋时期的特点。你摸它底心有一个圆突，这个已经是元代的特点。圈足比较小，放下去有点不稳，那么这个就是元和宋的区别，宋的时候足会比较宽，给你很稳的感觉。南宋的工艺到元代的工艺，期间肯定有一些变化。宋和元的区别除了圈足的大小以外，还有足壁的厚度不同。一个是大而窄，一个是小而厚。

图八　龙泉窑莲瓣纹碗

第二时期龙泉青瓷的特点，除了薄胎厚釉的特点以外，还有胎色的区别，有白胎青瓷和黑胎青瓷。刚才我们讲的都是白胎青瓷，黑胎青瓷其实在讲官窑的时候曾经讲到过。在明代嘉靖年间的文献里有记载，说南宋的时候有章姓两兄弟，在琉华山下一个叫琉田的地方，兄弟两人各主一窑。哥哥叫生一，他烧的窑器有"百圾破"，也就是说有开片。生一为兄，所以他的窑叫哥窑。生二的制品青翠温润，以地方命名，所以叫龙泉窑，也就是弟窑。这个是明代嘉靖时有文献说到的故事。在早期考古发掘的时候，在大窑、金村发现了黑胎的青瓷。这些黑胎的青瓷是"紫口铁足"，口沿是紫的，足是黑色的，有细纹开片。过去"龙泉青瓷"有哥窑型、弟窑型的说法，这个就和嘉靖文献的记载对上了。但是现在经过研究，就发现黑胎青瓷与"传世哥窑"是不同的，它更接近南宋官窑的特征，比如说黑胎、开片、薄胎厚釉，器型更为雷同，就是说黑胎青瓷的器型跟南宋官窑的基本上都差不多，而且很多都是一样的。那么现在陶瓷学界都认同把龙泉仿官窑产品称龙泉官窑，简称"龙官"。这件是龙泉窑的黑胎青瓷（图九），也有开片，紫口铁足，胎是黑的，也是薄胎厚釉。

图九 龙泉官窑把杯

下面讲一下，龙官和南宋官窑的不同。有三点：第一，龙官的器物里面没有发现用支钉支烧的。反过来说，南宋官窑有用支钉支烧的。第二，烧成温度不同。龙官的烧成温度要比南宋官窑高，所以釉面的玻璃光比较强烈，开片也比较深。第三，如果是一件完整器，应该说是不容易鉴别出到底是龙官还是南宋官窑的，假如是一块瓷片，就可以把它鉴别出来。如果是一块南宋官窑的瓷片，胎和釉同步开裂，用手摸它是不会刺手的。而龙官，由于它烧成温度比较高，开片开得比较深，所以釉和胎开裂不同步，各有自己的开裂走向。因此，用手去触碰会刺手。在一堆瓷片里工作的话，它会把你的皮肤刺破，但是南宋官窑没有这个现象。这种鉴别的方法没有人这样讲过，我为什么可以这样说？因为我经历过。那时候我还在学习，为了要了解南宋郊坛下官窑和龙泉窑中黑胎青瓷的区别，在浙江省文物考古所，他们把装有两种瓷片的箩筐拿出来，一个箩筐里是郊坛下的瓷片，另一个箩筐里是龙泉黑胎标本。在看瓷片的时候，我们手的皮肤给刺破了渗血，于是就问他们发掘时有没有手被刺破的现象。他们回想起在郊坛下遗址工作的时候，手的皮肤不会出血。而在龙泉发掘时，同样操作，手的皮肤会出血。于是经过比较，我们总结出了上面的结论。

第三时期，元代中晚期。元代中晚期就是指龙泉窑烧瓷经过南宋到元，达到了鼎盛期。那个时候元朝统一了中国，南北分裂的局面就结束了，使得龙泉窑的销售遍及全国各地。同时元政府十分重视对外贸易，龙泉窑大量运销海外。从世界各地出土的情况来看，元代龙泉对外输出的数量相当大，范围遍及东南亚、西亚以及非洲等广大地区。由于需求量猛增，元代龙泉窑获得了很大的发展，窑址的数量也随之增加。作坊总数有两三百处之多，分布的范围从南宋的大窑、金村、溪口一带，进一步向外扩展。在瓯江的上下游和松溪上游两岸建立了许多新的窑场。上海博物馆在龙泉县的安仁口发掘了三个月，记得基本上都是元代窑场。我们雇佣的是当地民工，每每挖出一处龙窑遗存，我们就根据出土的瓷片工艺，比如装饰花纹、装烧特征以及有的瓷片上面有八思巴文来判断窑址的时代。说一件趣事，我们在发掘安仁口窑址的时候讲的是上海话。当龙窑发掘出来以后，根据判断我们会说"元的"，民工们听成了"女的"，到最后忍不住问我们："龙窑也分男的女的吗？我们这里挖的都是女的？"听后忍俊不禁，哈哈大笑。告知龙窑有元的、宋的，不是女的、男的。看来安仁口是属元代扩建的新窑场。元代的龙泉窑瓷器在海外发现不少。浙江省文物考古所发掘的是一个叫大白岸的地方，那个是北宋的窑场。

元代龙泉窑的成就有这样几点：第一，烧成了大器。器型都比较大，大花瓶可以高达1米，大盘直径可以达到66厘米，都是大器。还有大罐（带荷叶盖的大罐）、葫芦瓶等都是比较大的。应该说在当时能够烧成这么大的产品是很不容易的，说明成型技术和烧成技术都比以前有较大的提高。第二，装饰方法多样。第二时期的东西，一般来说都是素面的。到元代的时候，它出现了刻花，但是不见篦划纹。还有两种印花，一种是鼓起来的阳文，另一种是下凹的阴文。另外模印贴花也有两种，一种就是模子里面印好，再贴上去，然后上釉，这样器物烧成就是一种颜色。还有一种就是器物先上釉，再把印好的花纹贴在釉面上，烧成以后，贴上去的花纹是露胎的，它就显现铁红的颜色，变成青釉地红花。龙泉窑的观音、佛像，通常脸部露胎，露胎的地方氧化后变成了红颜色。除此之外，还采用了新的办法，它叫填白，用笔蘸了白泥浆填上去，或者叫堆白也可以。这种主要用在双鱼洗，可以是堆白，也可以是贴花。元代的东西边上带刻花，但是宋代的时候是没有的。这种双鱼的边上再加刻花的就是元代的了。还有一个装饰方法叫点彩，也是有两种，一是加紫金土的料，上好釉以后用那个笔给它再加点，烧出来是铁的颜色—褐色，但有时候它用的料里面，会含有铜，就会出现红彩。上海博物馆有一件小洗上面加的点彩就是铜，烧出来就是铜红了，是红颜色的。

总结一下元龙泉的特征，它的胎骨变厚，釉层减薄，也就是厚胎中釉，釉色青中泛黄，比较失透，玻璃光不强烈。在釉中的钙含量是 6%—7%，钙的含量少了。它的器型比较典型，有凤尾大花瓶、葫芦瓶，也有琮式瓶，但是和第二时期的琮式瓶不同，它底下带一个四方的座。还有上面带荷叶形盖的一种罐，荷叶盖罐。还有元代开始才特有的高足杯，高足杯一定是元代的，在青花瓷里的高足杯也是元代的。双鱼洗，堆白的都属元代。八卦炉，八卦纹的炉，都是元代的，还有双耳瓶也是元代的。带耳朵衔环的，大部分是元代的。带耳朵衔环的东西，它出现在南宋有没有？有的，但是已经是 1275 年了，1275 年在北方元代已经开始了，那么对南方来说，这个可以说是南宋，但是大量的流行是要到元代，所以带耳朵的瓶大部分在元代，宋代的话，黑胎的青瓷，大部分瓶都不带耳朵（贯耳瓶除外）。元代器物总的来说，圈足比较小，圈壁比较厚。

下面讲第四时期，亦称明初"处州官窑"。因为《明实录》里有记载：洪武年间烧制瓷器量多了，移到饶州和处州两处烧造，由官府派人管理。宫里出样，就是器物的造型、纹饰等。饶州是指景德镇，在洪武的时候已经有御窑厂了，它们在明代的时候生产的是甜白釉，青花大盘。处州就生产龙泉青釉大盘，器型和纹式都是一样的。明代龙泉窑的青釉大盘与景德镇生产的明初青花大盘、甜白釉大盘，在土耳其伊斯坦布尔的托普卡帕宫都有收藏。这一类大盘，承袭了元青花大盘的功用，就是当时土耳其人围坐在一起，吃手抓饭的时候盛装食物的，是适合伊斯兰教徒专门使用的餐具。这种形状的青花、釉里红大盘（图十），洪武的大盘、大碗，同样的花纹在明龙泉里面也有。在土耳其、伊朗等伊斯兰地区，中国的元青花大件是他们上层社会宗教礼仪的器用，所以到了明代的时候，他们那里还是需要这种器皿。龙泉、景德镇烧制的大盘、渣斗作为贸易瓷，销到了土耳其。这里有这样一件明龙泉大盘（图十一），厚胎中釉，刻花、划花都有，还是深刻。这件东西出自明代龙泉官窑，你看它的花纹做得比较规矩，因为是按宫里出样做的。还有一个纹饰的特点，就是这种扁菊花。这种花纹就是洪武的特点，在洪武的很多大器上都可以看见。而这件东西一定属于明代的处州官窑。

图十　洪武釉里红菊花大盘

图十一　龙泉窑刻花大盘

龙泉窑长颈瓶 南宋

高：23.5 cm　口径：8.9 cm　底径：10.2 cm

龙泉窑凤耳瓶 南宋–元

高：30.8 cm

龙泉窑弦纹盘口瓶 南宋-元

高: 31.5 cm

景德镇青白瓷系

　　青白瓷类型是南方地区窑系之一，制品胎薄体轻，釉层清澈透明，釉色青中闪白，白中显青。从本质上来说，它是南方地区生产的一款白瓷。由于其釉中含钙量高（14.8–12％），属重石灰釉。因为钙是一种助熔剂，可以使釉熔融比较透彻，没有残留物相（气泡、石英颗粒、云母残骸及钙长石析晶），故入射光不会产生散射，釉色不受干扰，使之呈现出青白釉的颜色。而定窑白釉的含钙量低（3.8％），釉灰的用量相对较少，所以釉熔融不透彻，在釉层中间常常有大量的残留物相，这种物相，使入射光产生散射，因而釉色受到干扰而呈现白色。所以定窑是北方白瓷，而青白瓷是南方白瓷。青白瓷，它使用的装饰方法是刻花、印花，这是受到定窑的影响。景德镇青白瓷还受定窑覆烧工艺的影响，也烧芒口器。所以过去把景德镇的青白瓷也叫做"南定"，意思就是南方的定窑。

　　在宋代的时候就有文献记载，将景德镇的瓷器叫做青白瓷。一直到晚清，写瓷器的书里，给青白瓷起了另外一个名字，称它谓"影青"。意指器物胎薄体透，光照见影，所以叫它"影青"。在民国出版的瓷书里面又称其为"隐青"，意思就是隐隐约约的青色可见。还有另一个叫法为"映青"。这些都是谐音，但总的来说，无论是"影青"、"隐青"还是"映青"，这些讲法都是指青白瓷。现代人受到清末和民国瓷书的影响，仍有在沿用旧说。比如《中国文物精华大辞典》，它在讲到青白瓷的时候也是引用了"影青"的说法，那么我们一样明白这个影青就是青白瓷。个人认为，宋代人称之为青白瓷比较合理，青白瓷就是闪青的，定位是南方生产的一种白瓷。用现在比较科学的、规范的用词，称它为青白瓷较妥。

青白瓷是在北宋的时候创烧于景德镇。在宋、元时期，南方地区不少窑场都有生产，包括江西景德镇窑、南丰窑，安徽繁昌窑，广东潮州窑，浙江江山窑以及福建的德化、泉州、同安、安溪、永春、南安等窑，形成了一个青白瓷系统。其中景德镇湖田窑的产品是最好的。从收藏的角度来讲，景德镇的青白瓷是最具魅力的。

景德镇青白瓷以瓷石做胎。中国的瓷器制作，南方和北方是不同的。北方的瓷器是用瓷土作胎，它取到的那个材料本身就已经是土。南方烧瓷器，用瓷石做胎。因为瓷石是一种石块，要先把它粉碎，去除里面的杂质，再经过水洗，粉碎得很细以后，做成一块一块像砖一样大小的形状，称之为"坯子"。南方景德镇的青白瓷是以瓷石做胎，是一元配方，仅仅用瓷石的坯子加水调和以后，拉坯成型。然后配釉，其中釉灰的用量比较多。这个釉灰怎么做呢？用石灰加凤尾草，一层石灰，一层凤尾草，再一层石灰，再一层凤尾草，把它堆起来点火去烧。烧过以后，凤尾草植物的灰和熟石灰的灰混合在一起，作为制釉的釉灰。青白瓷的釉，它是一种含钙量较高的重石灰釉，那个钙就是由釉灰引入的。因为钙是一种熔剂，它在釉里含量多了以后，就不会产生残留物，釉层的透明度就特别好。如果青白釉经过刻花和印花的处理，刻花和印花的那个地方积釉相对来说比较厚。它的颜色也就比较深，与没有花纹的釉面形成色调深浅的变化。青白釉的色泽显得比较润

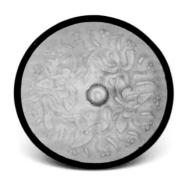
图一 青白瓷刻花碗

图二 青白瓷银锭式枕

泽而清澈透明，犹如青白玉一样，所以当时人们也把青白瓷称为"假玉器"，也有人叫它为"饶玉"（图一）。因为景德镇在宋代的时候属于饶州，遂有饶玉之说。宋代有一个女词人叫李清照，她写的一首词叫《醉花阴》"薄雾浓云愁永昼。瑞脑消金兽。佳节又重阳，玉枕纱厨，半夜凉初透。"其中提到的玉枕，就是指色质如玉的青白釉瓷枕（图二），青白瓷做到了青白玉的效果。元代青白瓷的碗内，印有"玉出昆山"或"玉出昆岗"的字铭。表明青白瓷是仿玉器而做，寓意很明显。

　　景德镇在宋代烧制的青白瓷以日用器皿为主，饮食用具有碟、盘、碗、壶、盏与托。一个碗盏，底下有一个托。上面是一个酒杯，下面也有一个托。酒具有注子、温碗、杯盏、酒台子，盥洗卫生用具有钵、洗及各式香薰与出香，寝具有各式瓷枕，如双狮枕、立象枕、卧婴枕和银锭枕等，照明用具有灯盏，储存器有放液体的梅瓶，放干货的有盖罐，供奉器具有各种造像，如观音、佛像、道教人物以及香炉和花瓶，还有供放药材、香料、或者妇女化妆用品的盖盒。有一种子母盒，是在大盒之内粘附着三个小盒，分别放粉、黛、朱，供妇女化妆时所用（图三）。有专为陪葬用的塔式盖瓶，上面的盖子像一座尖尖的宝塔。这种也叫魂瓶，乃陪

图三 青白瓷堆花盒

葬之用。有文房用具，如水滴，或者叫砚滴、笔架、水盂等。所有这些在青白瓷的器型里面都有，林林总总，品种繁多。其中值得收藏的是各色琢器，造像、熏炉、盖盒、瓷枕等品类。

青白瓷属于民用瓷，历来不被上层社会青睐，特别像清宫旧藏中几乎没有一件青白瓷藏品。新中国成立以后，在全国各地出土了不少的青白瓷，其中有一些纪年墓葬可供排比、研究。窑址经过发掘，青白瓷有墓葬出土物，就是没有传世收藏品，不过有文献记载。对于青白瓷的研究，应该说国内的学界做得比较好，但是在收藏市场，对青白瓷却不是很重视的。比如拍卖公司拍卖或者估价一件东西，要么可能是定窑，要么可能是影青或者青白瓷。如果是定窑，那么估价就高，如果是青白瓷，估价就低。低到什么程度？这件东西如果是定窑，那就估价为100万的话，青白瓷就是10万元，也就是10：1的价位。但日本人对青白瓷情有独钟，他们收藏的青白瓷数量比较多，品质也很不错。

下面讲怎么来辨认景德镇的青白瓷。因为刚才说了青白瓷窑系很多，南方地区很多省、市都有窑场。如果收藏的话，质量最好的就是景德镇湖田窑的产品。那么怎么来辨认是景德镇青白瓷还是其他窑口的青白瓷呢？景德镇青白瓷最明显的特征就是，它在烧制工艺中采用了早稻谷壳灰加酱褐色的匣土渣（一种铁和锰含量比较高的耐火土，用这种耐火土可以做成匣钵，而筛下来的粗颗粒，当地叫它匣土渣）做成垫饼垫烧。因为垫饼的含铁、含锰量比较高，当这个器物烧好以后，去掉垫饼，就会在器物的底下留有黑色的印痕，就是一个垫饼的样子，可以判断它就是景德镇的产品。虽然其它的窑口也会用垫饼，但不是用这种含铁量高的材料，烧制以后就不会留痕。所以说器物底部留下比较深色的垫饼印痕，就成为景德镇青白瓷制品最明显的特征之一。

刚才讲的那个鉴定方法，是把景德镇的青白瓷与其他窑口的青白瓷加以区别。现在讲的圆器，就是盘、碗、碟之类，仿定窑覆烧工艺烧成印花、芒口器者，均属于南宋中期之后。那时候是仿定覆烧工艺（图四）。那么反过来讲，南宋中期以前，就不是覆烧。所以有没有印花、芒口的特征，就可以从时代上把南宋器和北宋器区别开来了；有没有器底下的褐色垫饼痕，是把景德镇的青白瓷与其他窑口的区别开来了。这里讲了两个区别，还有第三个……

图四　青白瓷印花盘

我们讲窑系，主要是指宋、元两个时期形成的窑系。到了元代的时候，景德镇发现了高岭土（麻仓土）。在元代发现高岭土以前，烧瓷器不用高岭土配方，只用瓷石一种料做胎，叫"一元配方"。发现高岭土之后，就可以采用瓷石加高岭土的配方作胎。单一用高岭土作胎的话，所需要的温度很高，要达到 1780 摄氏度才能烧结。但高岭土的好处在于，它能够增强胎体的强度，可以做大器。比如用瓷石的坯子，再加上小部分的高岭土坯子，比例大约 75% 的瓷石加 25% 的高岭土。所以在元代以前青白瓷的瓷胎是一元配方，到了元代以后，因为发现了高岭土，就开始采用"两元配方"制胎了。最早发现高岭土是在景德镇一个叫"麻仓"的地方，所以我们就会讲元青花瓷胎用的是麻仓土，其实就是高岭土。现在有人说自己的元青花用的是麻仓土，其实他根本不理解什么叫麻仓土，其实麻仓土就是高岭土，因为后来麻仓土逐渐用完了，明代的时候，在景德镇一个叫高岭村的地方，又发现了跟麻仓土一样质地的料，于是就叫高岭土。也就是说元代的麻仓土就是明代的高岭土。因为在元代的时候发现了高岭土，青白瓷的胎体由一元配方变成了两元配方。所以元代景德镇青白瓷制品，一般来说它的胎体要比两宋的时候要稍微厚一点。还有就是元代的青白瓷里面出现了大件器，就像元青花一样的大盘、大罐什么的。元代景德镇青白瓷里面也有大件，胎厚体重，釉不是那么透明。元代的青白瓷几乎走到了它的最后阶段，因为元代以后就不再生产青白瓷了。

　　刚才讲了三点。一是景德镇青白瓷和其他青白瓷的区别；二是盘、碗芒口和不芒口是北宋和南宋的区别；三是元代的青白瓷和宋代的区别。这件是景德镇的青白瓷，它没有上釉，是陪葬品（图五）。刚才讲的一个大盒里面有三个小盒套起来的，亦叫"子母盒"，也是景德镇青白瓷的特色。这些都是胎薄体轻的两宋瓷器。元代的青白瓷制品一般胎体较两宋时增厚不少，大件者胎厚体重，釉色偏青，比较失透，光泽也没有那么好（图六）。所有这些都符合我刚才讲的那三点。

　　下面讲青白瓷的装饰工艺，也就是它的装饰手法。一是刻花加篦点、篦划纹；二是印花；三是剔花；四是镂空；五是雕塑；六是点彩（褐斑）；七是绘彩（不烧）。装饰题材有花卉卷草、鸾凤、婴戏、水波游鱼、莲瓣以及云气等，均为多见。

图五　青白瓷堆塑四灵瓶

图六　青白瓷刻云龙纹罐

介绍一些值得收藏的青白釉瓷器。

一、注碗：配套的注子和温碗的合称，为酒具。其形象最早见于五代顾闳中的《韩熙载夜宴图》。宋孟元老《东京梦华录》载："大抵都人风俗奢侈，度量稍宽，凡酒店中不问何人，止两人对座饮酒，亦须用注碗一副，盘盏两副，果菜碟各五片，水果碗三五只，即银近百两矣。"这类注子直筒形盖，顶多饰坐兽为纽，民间俗称"狗头壶"（图七）。从纪年墓出土资料排比，注碗多出北宋中晚期墓葬，北宋以后的考古资料中，几乎再不见这种器物。

图七 青白瓷注碗

二、台盏、托盏：台盏与托盏是用途不同的两种器物，前者为酒具，后者为茶具。然如今在器物分类与定名上，二者常被混为一谈。对此，孙机先生有专文考证。台盏是酒盏与酒台子的合称（图八）。酒台子呈盘状，中间突起一小圆台，以承酒盏，酒盏状如高足杯。台盏与注碗配套使用。理由是纪年墓中注碗均伴有台盏出土。另在是纪年壁画墓中，亦可见注碗与台盏图像。它们的组合规律，一般是一副注碗配两副台盏。从《东京梦华录》记载中可知"注碗一副，盘盏两副"，符合两人对饮需求。并且酒杯亦可以与"盘子"搭配使用。茶盏与盏托也

图八 青白瓷台盏

图九 青白瓷托盏

可合称"托盏"（图九），盏托上有或高或矮的托圈。茶盏多为浅腹式，座入盏托，以沸汤点茶，用托执取，以免烫指。青白瓷托盏多见于北宋墓葬，其盏托中间的托圈，一般为钵形。明器中的托、盏有的连体烧制，如江西南丰政和八年墓出土托盏即是。

三、执壶：应为点茶时盛沸水之器。陕西西安唐太和三年（829年）王明哲墓所出造型相似的白釉执壶，底部墨书"老口家茶社瓶"。唐代称其为"茶瓶"，现在则叫"茶壶"。

图十　青白瓷瓜棱执壶

青白瓷执壶，北宋时有侈口、直口以及盂口、盘口等，以侈口者多见。丰腹细流，流较五代时普遍加长（图十）。南宋执壶，颈部变高，把手拉长，身长流长。葫芦形执壶为此时新出现的器式。

四、香薰、香炉：焚香用具。香炉用于点香，香薰则以烧香料出烟气为用，故香薰由盛香料的炉身与出烟气的镂空炉盖组合而成。宋代还有一种焚香炉叫"出香"，即盖顶由珍禽瑞兽蹲其上，腹内中空与炉身相通，香料烟气经由动物张开的口腔袅袅升起。河南宝丰清凉寺汝窑窑址出土的"出香"标本，动物有狮、龙、鸳鸯、狻猊等。这件景德镇青白瓷香鸭亦属"出香"（图十一），制作精妙，釉色雅洁，品相完整，是青白瓷中的极品。若有幸遇之，切勿错失。

图十一　青白瓷香鸭

五、各式瓶：有梅瓶（图十二）、贯耳瓶、花口瓶、长颈瓶、堆塑瓶、瓜棱瓶、八方瓶、嘟噜瓶（图十三）等。凡瓶均属琢器类别，制作较为不易。通常器型规整、釉色雅洁、品相完整的都值得收藏。尤其饰以花纹者，无论印、刻、贴、塑，均优先。

六、瓷枕：夏令寝具，景德镇瓷枕以银锭式多见。因青白瓷色质似玉，亦称"玉枕"。其他精美的瓷枕多以瓷塑为座，上托枕面，设计独具匠心，如有双狮、立象、蟠龙、童子执荷、戏曲人物等，既实用，又具艺术情趣，是赏心悦目的艺术品。

图十二 青白瓷梅瓶

图十三 青白瓷嘟噜瓶

七、瓷塑造像：造像属供奉主体，有释迦、弥勒、观音、文殊、地藏、童子及道教人物等，其中观音塑像较多见，且制作上均精雕细琢。上海博物馆收藏的一尊观音，头戴花冠，中置化佛，垂发披肩，胸前及手臂饰璎珞，身披广袖通肩外衣，仅衣襟、袖口各施青白釉一道，余皆涩胎无釉（图十四）。烧成后，再在涩胎上用朱红、石青、石绿绘彩并贴饰金箔，可见当年此造像何等辉煌。此像说明宋代景德镇只烧青白瓷，没有彩绘工艺。只有一种点彩褐斑，属于高温釉彩。元代的观音像比较大件，上海的一位民间藏家收藏有一件，很是精致（图十五）。但现代仿品亦不少，千万注意。

图十四 青白瓷加彩观音像

图十五 青白瓷观音

青白瓷刻花花口瓶 北宋

高: 22.5 cm　口径: 13.3 cm　底径: 10.1 cm

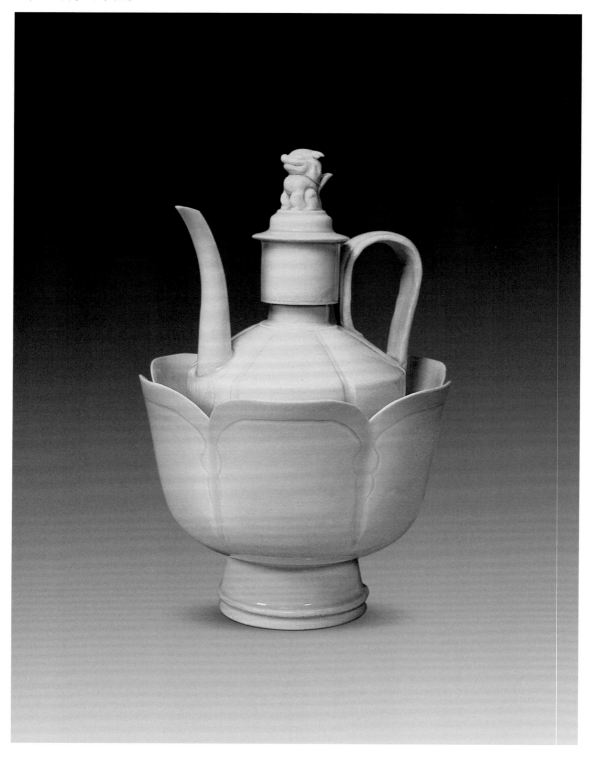

青白瓷注碗 宋

高：27.2 cm

青白瓷镂雕香薰 宋

高：11.8 cm

青白瓷鸭形出香 宋

高：19.1 cm

青白瓷刻花弦纹梅瓶 宋

高：31.8 cm

建窑黑釉系

建窑位于闽北地区，就是现在福建省的北部，窑址在福建省建阳县的水吉镇。因为在宋代的时候，福建省建阳地区属建州管辖，所以叫它建窑。建窑是宋代著名黑釉盏的故乡，称之为"盏"是因为它就是用来喝酒或者喝茶的，故亦叫"茶盏"或者"酒盏"。如果用来吃饭的，我们就叫碗了。建窑主要烧黑釉盏，以生产一种带有条状或者斑纹的黑釉茶盏而驰名。烧成的原理是一样的，就是因为火的温度高了，条状的要比斑状的烧制温度高50摄氏度。本来它仅仅是一种圆形的斑状，像油滴或者雨滴一样的斑点，当温度高上去以后，它出现了流淌，就变成了条纹。

建窑生产的盏也叫建盏，一讲建盏，就是指建窑烧的黑釉茶盏，因为建窑就是烧造茶盏的。在宋代文献和宋人的诗词中，赞美"兔毫盏"和"鹧鸪斑"的比较多。也就是建盏上的花纹大多像兔毫或鹧鸪鸟身上的斑纹。

建窑的黑釉盏，按照器型的不同，可以分为四个类型。一种是敞口的，也叫笠式盏，如果把它倒扣过来，好像雨天戴的斗笠一样（图一）；第二种是撇口的，它敞开来了以后还外翻（图二）；第三种是束口的，就是口沿下向内收一圈（图三）；第四种是敛口的（图四）。

图一　建窑笠式盏

图二　建窑撇口盏

图三　建窑束口盏

图四　建窑敛口盏

各类黑釉盏的共同特征是：阔口小足，形如漏斗；胎体厚重，色、质似缸胎，体粗糙色黑褐，碗腹的下部及圈足露胎；釉呈乌黑、青黑或紫褐等色调；釉面上往往呈现黄褐色或银灰色筋脉状条纹。讲到建窑，主要生产两种产品，一种叫兔毫盏，一种叫鹧鸪斑。"兔毫"的颜色是一种银灰色和黑色，或者是黄褐色和黑色两种，我们也叫它"金兔毫"或者"银兔毫"。它形成是由于在烧窑的时候，窑中气氛呈现"氧化焰"或"还原焰"所致，氧气多了，胎、釉中铁元素和氧发生反应，生成三氧化二铁（Fe_2O_3），呈黄褐色条状，谓"金兔毫"；如果控制氧气进入，烧成还原焰，生成氧化亚铁（FeO），呈现银白色条状，则叫"银兔毫"。

有的建盏足底下刻有文字，"供御"或者"进盏"，表明是御用性质，是进贡到宫里使用的。文字刻、印两者都有。黑釉茶盏兴盛于建窑，得益于建州茶业。五代以来就有文献记载："建安茶品，甲于天下。"建安北苑所造腊茶

（饼茶，入贡者以香料膏油润饰），选料很精细，加工很讲究，成为两宋时期最主要的贡茶。烹点腊茶，不仅要讲究茶饼的质量，而且对烹茶用的水以及操作技术的要求也很高。在建安当地，人们也开始享受喝茶，并拿来互相斗试谁的茶好。北宋晚期的时候，斗茶之风随之兴起，不仅民间流行，北宋皇室、大臣也好此举。斗茶喜用黑盏，因为黑釉的盏可以衬托出茶汤之白。说明当时用的饼茶，因为半发酵处理，放入过一种膏脂类的东西，经沸水浇注，茶面会浮起一层白色的泡沫。只有黑盏可以衬托茶汤的白颜色，并且便于验水痕（茶叶的泡沫粘附在盏边的时候，成为茶汤花，这种过程又叫做咬盏，是斗茶的一种游戏，称为茶百戏）。蔡襄在《茶录·论茶》中写道："建安斗试，以水痕先者为负，耐久者为胜，故较胜负之说，曰相去一水两水。"黑盏最适合检测白色水痕的存在，所以建窑黑盏风行一时是因为斗茶的需要。

建窑有窑址，也有出土物，根据考古的统计，目前发现墓葬出土建窑茶盏的共19座，其中纪年墓葬10座。年代最早的是北宋宣和六年（1124年），最晚的是南宋宝佑二年（1254年）。整个时间段从北宋晚期到南宋末。19座墓葬共出土黑盏30来件；敞口盏3件，撇口盏7件，敛口盏7件，束口盏13件。敞口盏是北宋晚期的，束口盏、敛口盏和撇口盏都是到南宋了。最晚的是束口盏，是在韩国的全罗南道新安海底沉船出水的建窑束口盏，年代已至元中期。

经考古发现，墓葬出土的黑釉建盏全部出自南方，特别是南方的福建、江西地区。北方各地出土建盏的情况，目前还比较少见。据报道，耀州窑遗址宋代地层内出土有建窑兔毫盏的残件标本，时间在北宋晚期到金代。现在知道耀州窑也曾经仿烧过建窑黑盏，而此件可能是拿来作"样品"的建窑兔毫盏（图五），或为此提供了直接证据。另在今天的河南郑州、许昌等地古遗址中，也发现了一定数量建窑黑盏的遗存。器物类型以撇口、束口盏多见，这说明建窑制品也曾输往北方地区。宋、元时期，北方和西南蜀地，多使用当地生产的茶盏，其中有些黑釉盏在造型和釉彩的装饰方面与建窑制品相似。就像这件也是

图五 建窑兔毫盏

图六 广元窑兔毫盏

图七 山西窑兔毫盏底

图八 武夷山窑金彩兔毫盏

四川地方的（图六）。仿建窑和建窑的区别在于胎。只有建窑的胎是缸胎，其他地区不是。特别是山西地区仿建窑，在烧成的黑釉盏碗腹以下露胎处，还刻意涂了一层紫褐色的护胎釉，由此可见它模仿建窑的意图就更加明显了（图七）。因为福建流行斗茶，武夷山地区也仿建窑。它烧不成结晶釉，于是在烧好的黑釉盏上，用金彩或银彩画成一条一条的兔毫纹，时间久了金彩银彩褪色，但是画痕还在（图八）。有时候在盏里它还会开光写字——"寿山福海"，这种亦属于建窑类型。

　　有关建窑黑釉茶盏的文字记载，约始见于北宋中期。除了专书以外，还散见于宋人的诗词等文学作品中。有关建窑黑釉茶盏的文献，最早是北宋蔡襄的《茶录》"茶盏"条载："茶色白，宜黑盏，建安所造者绀黑，纹如兔毫，其坯微厚，熁之久热难冷，最为要用。出它处者或薄或色紫，皆不及也。"《茶录》成书于宋仁宗皇佑年间（1049年—1054年），属北宋中期，后修订于治平元年

（1064年）。北宋末年，宋徽宗赵佶撰写了《茶论》，后人习惯上叫它《大观茶论》。其"论盏"篇云："盏色贵青黑，玉毫条达者为上，取其焕发茶采色也。底必差深而微宽，底深则茶直立，宽则运筅旋彻，不碍击拂。然须度茶之多少，用盏之大小。盏高茶少则掩蔽茶色，茶多盏小则受汤不尽。盏惟热则茶发立耐久。"政和二年（1112年），宋徽宗为蔡京举行宫廷特宴。蔡京在《太清楼曾特燕记》写道："又以惠山泉，建溪毫盏，烹新贡太平嘉瑞斗茶饮之。"这里的"建溪毫盏"即指建窑烧造的兔毫盏。宋徽宗笔下的黑盏，釉色及花纹与蔡襄《茶录》所记载的大抵相同。由此可知，自北宋中期以来，建窑兔毫盏已成为"斗茶"用盏之上品，至迟徽宗时期建窑兔毫盏已为宫廷所用了。只是那种带"供御""进盏"铭文的建盏，此时是否出现，目前还难断定。因为墓葬出土建盏不见文字，仅仅是在窑址出土标本和传世器上有。也有人根据宋徽宗的《大观茶论》、蔡京记述宫廷特宴之文献，认为黑釉盏书"供御""进盏"铭文在北宋政和至南宋乾道大约六十年之间（图九）。

图九　建窑"供御"铭盏

宋代黑釉盏还有一种名为"鹧鸪斑"的品种，其流行年代与"兔毫盏"大致相当。北宋中晚期的诗文中，就有人对它记述和赞美。如惠洪和尚的诗句："点茶三味须饶汝，鹧鸪斑中吸春露，金鼎浪翻螃蟹眼，玉瓯纹饰鹧鸪斑。"至于究竟何为鹧鸪斑，古人记载比较简单，至今也未有一个统一的说法。目前对鹧鸪斑的认识有三种类型：一是指自然窑变的制品，即油滴，就好像鹧鸪的羽毛一样。这个就是在日本的一个油滴盏（图十），这种斑形同

图十　建窑油滴盏

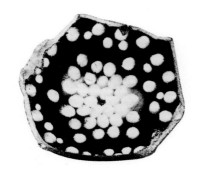

图十一 建窑"供御"款白斑盏残片

图十二 建窑酱斑盏

鹧鸪鸟胸前的白圆点羽毛纹一样。二是白釉斑制品。窑址曾出土了一两片，用白色的釉去点出，足底下还有"供御"两字（图十一）。三是黄褐色的酱斑制品。这个也是窑址出土的，也像鹧鸪鸟身上的羽毛纹，它的背脊上的羽毛是一种黑和褐的组合（图十二）。我认为这三种说法都可以成立：第一种是铁的结晶釉，在漆黑地釉上呈现银色斑点，极似鹧鸪鸟胸前斑纹。烧成难度大，与烧窑温度和窑中气氛及降温速度与保温时间息息相关。由于烧成不易，就变得非常罕见。"鹧鸪斑"最佳的制品是在日本，即被他们捧为国宝的"曜变盏"，银斑闪烁蓝光，异常美丽，仅存世三件（图十三）。而后两种白斑与褐斑的人工装饰品，应是模仿前者，变成人为作成。白斑的制品，传世品中不见，应是用高岭土加釉料，经人工点缀的鹧鸪斑，属二色釉。

图十三 建窑曜变盏

这里有一件东西（图十四），和那个黑釉地上用白料的工艺是一样的，胎、釉均属建窑产品，白彩不是斑点而是十字杵条纹。其实当时它也是点，点了以后，流下来就变成线条了，所以这一件也很少见。

图十四　建窑白彩盏

真正建窑的东西，除了看胎比较粗，没有釉，还有就是它的釉比较垂流，这垂流是不整齐的（图十五）。流釉太规整的基本上便是仿品。

还有一种酱褐斑的，其实亦是两色釉，比较好烧。宋金时期风行南北窑场，北方亦大量烧制，耀州窑、定窑、磁州窑都生产。还有山西地区烧制的红斑盏，器型自有特征（敛口）（图十六）。它们与建盏的区别最主要的一点就是露胎处涂褐色护胎釉，建窑为黑色缸胎。

图十五　建窑底足

图十六　山西窑底足

建窑油滴束口盏 宋

高：7.1 cm　口径：12.7 cm　底径：3.8 cm

建窑油滴撇口盏 宋

口径: 19.7 cm

磁州窑油滴撇口盏 金

口径: 21.3 cm

武夷山窑金彩兔毫盏 宋

高：5.7 cm　口径：11.4 cm　底径：3.5 cm

建窑兔毫盏 宋

高：4.5 cm　口径：15cm　底径：4.2 cm

广元窑兔毫盏 宋

高：7.3 cm　口径：12.2 cm　底径：5 cm

山西窑红油滴盏与托 金

高：4.2cm　口径：7.9cm　底径：3.1 cm

吉州窑系

现在讲吉州窑（又叫永和窑）。窑址在今天的江西省吉安市永和镇，旧属庐陵地区。唐代、宋代的时候称吉州，元代改称吉安路，是江南地区著名的民间窑场之一。它和建窑最大的不同就在于建窑的产品比较单一，只有茶盏一种。而吉州窑烧制的品种繁多，地方特色也比较浓郁。上世纪50年代以来，文博单位对吉州窑址做过多次的调查。1980年—1981年，江西省文物工作队及吉安县文物管理办公室联合对窑址作了比较细致的发掘，开探沟25个，清理龙窑一座及其他作坊遗址等，获得了大量的瓷片和窑具标本，为全面了解与研究吉州窑积累了丰富资料。过去对吉州窑的认识是：一、吉州窑受到建窑的影响，为适应宋人斗茶之用，烧制了大量黑褐釉、黑黄釉茶盏。二、它受到定窑的影响，也烧仿定印花和芒口的白瓷器。三、它受到磁州窑的影响最大，主要烧制釉下彩绘品种，还有高温釉上彩绘和彩斑瓷及黄釉、绿釉等低温釉器。这样一来，就使得大家认为吉州窑都在仿烧他人，没有自己的特色。吉州窑的产品中最负盛名的是一种黑褐釉或者黑黄釉瓷器，而其中又以木叶纹、剪纸贴花、玳瑁斑（亦有称虎皮斑），以及结合了贴花、刻花和彩绘等装饰最具特色。

吉州窑里最有名的一个品种叫木叶盏（又称桑叶盏）。是将凋零的桑叶用水浸泡，浸泡时间达数旬之久（大概要三四十天），使叶肉全部腐烂，只留存树叶的茎脉（余细筋如丝）；然后在另外一种釉里（黄色釉浆）浸一下，放入内外上

图一　吉州窑各式桑叶盏

图二　斗笠盏

了黑釉的碗内，经窑火烧成。树叶在高温下变成草木灰一样熔入釉里，釉面颜色出来就是一种蛋黄色釉，呈纹理清晰的木叶纹（图一）。桑叶或舒展，或卷边，或折叠，犹如一片秋叶，随风飘落碗中，却营造出富有哲理的意境，颇有化陈腐为神奇的装饰效果。

桑叶盏是一种茶碗，它有几种造型：一种是斗笠盏，一种是束口盏，还有一种深腹盏，其实跟建窑的敛口差不多。木叶纹除了会在茶盏里装饰以外，不见于装饰在其他的器皿上。斗笠盏，腹壁斜直，口径略大，倒置形如斗笠（图二）。束口盏，弧腹略深，口下内收一圈（图三）。深腹盏最为经典，敞口微敛，弧腹较深（图四）。

图三　束口盏

图四　深腹盏

剪纸贴花的花纹就像剪纸贴上去的，也是吉州窑独有的品种。木叶纹仅在茶盏里面装饰。剪纸贴花则不同，剪纸贴花还可以在其他器物上应用。过去我们就直呼为"剪纸贴花碗"等。剪纸贴花现在称"漏花"，这种漏花其实就是"漏影"（图五）。把剪纸的纹样贴在施了黑釉的茶盏内或者器身外，再施一层黄褐色花釉，由于剪纸的遮挡，漏下黑色的纹样。这种剪纸也可以放在成型的器物上，在没有上黑釉以前它就是涩胎器，把剪好的纸贴在涩胎上，再上黑釉，然后把剪纸揭下来经烧成就露出了白色的胎（图六）。所以剪纸装饰有两种，一种是上好釉贴花，一种是不上釉贴花，烧成效果一黑一白两种样子。

图五　漏花折枝桃花盏

图六　漏花桃朵标本

在吉州窑的产品中还有一种貌似"漏花"者，比如有一种长颈瓶（图七），器身饰"折枝梅"，貌似剪纸贴花，但不是。这种就是刚才所说的"三合一"工艺：先在涩胎上贴出梅花，然后上黑釉，刻出梅枝，最后揭去贴纸彩绘花蕊的三结合方式。或者是贴花加彩绘的双重装饰技法，最精彩的就是漏花、褐彩、团凤纹梅瓶（图八）。

图七　漏花一枝梅长颈瓶　　图八　吉州窑漏花彩绘团凤纹梅瓶

图九 玳瑁釉盏

还有一种是玳瑁釉、虎皮斑，属仿生的釉彩。黑釉作地，黄釉挥洒其上，形成类似鹧鸪羽毛、海龟或是老虎的斑纹机理（图九）。小斑点为鸟纹，块斑为玳瑁，条斑为虎皮纹。

彩绘以釉下褐彩为主。过去认为是受到磁州窑白地黑花瓷的影响，而生产的一种南方的彩绘器。现在认为是南、北方在同一时间段（宋、元之间），产烧、发展的原创品种。磁州窑的白地黑花和吉州窑的白地褐彩，两者的不同与区别见如下磁州窑、吉州窑对比表。

磁州窑、吉州窑对比表

磁州窑	图片	吉州窑	图片
粗料细做的化妆土艺术		不用化妆土	
釉下黑彩（褐彩）——（白地黑花） 白地——雪白/黑花——漆黑	磁州窑彩绘梅瓶	釉下褐彩——（白地褐花） 白地——牙白/褐彩——红褐色	吉州窑彩绘瓶
彩绘粗犷，线条流畅。枕面多婴戏纹、花卉纹、人物故事图、鸟兽纹。少开光形式，若有则采用大括号式开光、如意云头等	磁州窑彩绘人物图枕（大括号式开光）	纹饰精工细密，多波涛纹、卷草纹、各式锦地纹。开光采用圆弧线，有菱形、圆形、四入团花、六入团花、八入团花等	吉州窑彩绘（六入团花）开光鹿纹长颈瓶
有黑地白花装饰（修武当阳峪窑）		有褐地白花品种	釉下褐彩莲荷纹炉

磁州窑	图片	吉州窑	图片
厚釉（釉面泛光）	磁州窑彩绘花蝶纹瓶	薄釉（釉面亚光）	吉州窑彩绘（四入团花）开光鹿纹枕
景德镇元青花与磁州窑釉下彩绘有继承关系。如缠枝花卉、龙、凤纹、鱼藻纹、人物故事等纹样应用	白地黑花鱼藻纹折沿盆	南粤地区的陶瓷生产，如广东佛山的奇石窑、番禺的南海窑、雷州半岛的海康窑、广州西村窑等受吉州窑釉下彩绘工艺影响多折枝纹、水波纹装饰题材	
高温釉上彩绘： 黑釉褐彩一种，多绘花卉，用笔率性，图案似花又似鸟。条纹、斑块，挥洒成形		高温釉上彩绘： 在施好黑釉器物上，用淡釉彩（黄、白色）绘画，如月梅纹、剔犀如意云纹。或者点彩、洒彩，任意涂抹等	彩绘仿剔犀如意云纹盏

2011年深圳博物馆举办了"禅风与儒韵——宋、元时代的吉州窑瓷器"展览。经过他们的探索研究，重新诠释了对吉州窑瓷器的认识。

宋室南迁，带动了江南地区社会经济和文化的空前繁荣。素有"江南望郡""文章节义之邦"美誉的吉州，亦迎来了自身发展的全盛时期。在以禅宗和儒家文化为主要内涵的庐陵文化熏染之下，产自赣江之滨的吉州窑瓷器便有了与众不同的文化气韵和超凡脱俗的禅意之美，加之宋、元高度发达的商品经济的推动和市井世俗之风的浸润，吉州窑成为了最具代表性和最富创造力的民间窑场，从而独树一帜。

一、黑釉盏与"禅茶一味"

吉州窑黑釉盏适合"禅茶"之用的装饰纹：

1.蕴含禅理的桑叶（图一）。

2.花中禅友——薝卜（栀子花）（图十）。

3.禅诗入画（图十一）。

4.釉绘与禅宗墨戏（梅梢月及洒彩）（图十二）。

5.禅茶之盏。

图十　漏花薝卜纹盏

实拍薝卜

图十一　黑釉金彩禅诗盏残器

图十二　黑釉褐彩梅梢月纹盏

图十三　黑釉洒彩盏

二、士人意趣

1.诗词为饰，诗意入画（图十三）。

2.汲取同时代文人画的营养。

装饰题材有：

1.冷峭高洁的梅竹纹：一枝梅、梅梢月、梅竹双清、梅鹊纹（图十四）。

2.清雅隐逸的寿客菊花（图十五）。

3.春意盎然的海棠啼莺、石上芭蕉（图十六）。

4.春江晚景 ——"竹外桃花三两枝，春江水暖鸭先知"诗意（图十七）。

5.忘忧萱草（图十八）。

6.池塘鸳鸯（图十九）。

7.折枝桃花与桃朵纹。

图十四　漏花梅竹双清纹盏

图十五　漏花折枝菊纹盏

图十六　彩绘海棠啼莺纹长颈瓶

图十七　漏花"春江晚景"盏　　　　图十八　彩绘萱草纹粉盒　　图十九　彩绘开光池塘鸳鸯纹长颈瓶

三、市井文化与世俗功利

1.漏花吉语（图二十）与杂宝：金玉满堂、福寿康宁、长命富贵、食禄封侯、早入中书及金锭、银锭、犀角、象牙、方胜、珊瑚、玛瑙、钱纹等杂宝。

2.图文谐音：鹿纹之上书"福"字，"鹿"与"禄"谐音，喻意"福禄"（图二一）。"寿"字之下绘竹纹，"竹"与"祝"谐音，寓意"祝寿"。盏内三圈开光，分别书一"羊"字，"羊"与"阳"谐音，"三阳开泰"意喻吉祥。

3.祥瑞动物：犀牛望月、奔鹿翔鹤、狮子戏球，白象等。

4.波涛纹—"江海波涛为财富之薮"。

图二十　漏花吉语盏　　　　　　图二一　漏花"福"鹿纹盏　残片

四、对各类工艺品的借鉴及贵重材质的模仿

1.釉下彩绘对纺织品纹样的借鉴。对鸟团花、开光团花、卷草纹、各色锦地、回纹、莲荷纹等，点彩与釉斑。

2.剪纸漏花借鉴了南宋流行的夹缬工艺。

3.玳瑁釉（仿玳瑁斑）、剔犀如意云纹、卷草纹（仿漆器）、菊花盏（仿金银器）（图二二）、豹斑纹（仿豹皮）（图二三）。

图二二 玳瑁釉菊花型盏

图二三 仿豹斑纹瓶

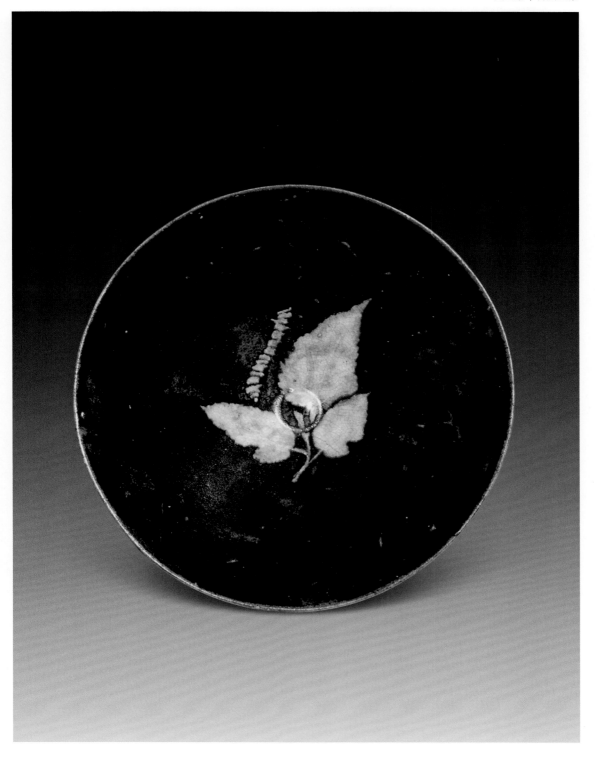

吉州窑木叶纹盏 南宋

高: 4.9 cm 口径: 14.4 cm 底径: 2.4 cm

吉州窑桑叶盏 南宋

高：5.3 cm　口径：10.7 cm　底径：3.5 cm

吉州窑黑釉彩斑盏 南宋

高：4.4 cm　口径：12.4 cm 足径：3.4 cm

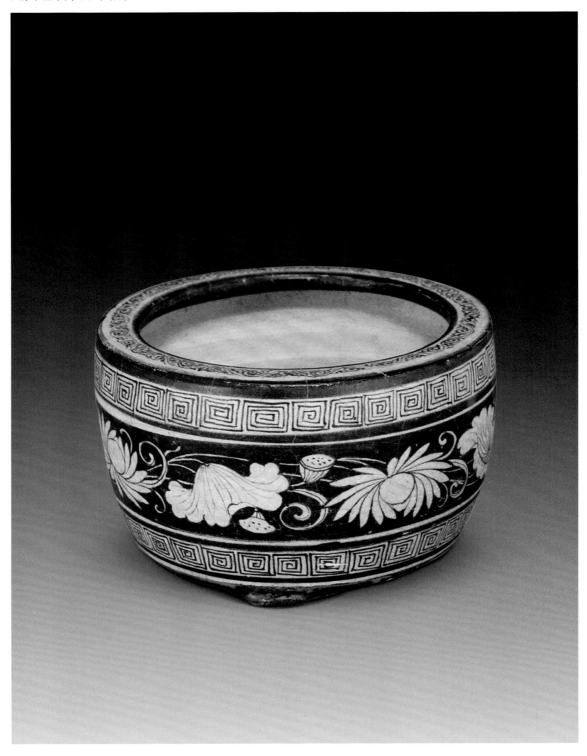

釉下褐彩莲花纹炉 南宋

高：6.8 cm　口径：10.4 cm

黑釉漏花团凤纹梅瓶　南宋

高：30.4 cm　口径：10.4 cm　底径：5.9 cm

釉下褐彩开光奔鹿纹盖罐 南宋

高：19 cm　口径：10.4 cm

黑釉刻花卷草纹梅瓶 南宋

高：34.5 cm　口径：7.5 cm

官窑 民窑之前世

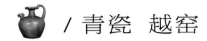 / 青瓷 越窑

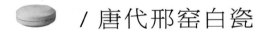 / 唐代邢窑白瓷

 / 唐代彩绘 色釉陶瓷

青瓷 越窑

　　从事收藏的人，我觉得可收藏的东西，最早收到唐代就可以了。所以唐代主要是讲"南青北白"。南方的青瓷（南青）主要是越窑，北方的白瓷（北白）主要是邢窑。但是在备课的时候，有关的内容材料比较多，一堂课讲不了。发现讲唐代越窑的时候，有一些早期的历史也值得讲一下。因为青瓷出现得比较早，而且青瓷在唐代的时候南方是越窑，新中国成立以后就有窑址的考古发掘，而且墓葬出土的东西也很多。

　　有一位早期从事陶瓷研究的老前辈，叫陈万里，是故宫博物院的。陈万里先生研究陶瓷独具开创精神。有关陶瓷发展史原来的研究方法是研究文献和传世品。由于他在故宫博物院工作，可以把故宫博物院收藏的实物和古文献一起对照起来研究。所以陈万里先生就开创了一个新的研究方法——调查窑址。陈先生是浙江人，他对浙江的瓷器情有独钟，到龙泉窑、越窑的所在地调查窑址，实地去捡标本。他最早在 1956 年的时候写了《中国青瓷发展史》并出版。那本书里面就讲到，他是自己调查窑址，而不是考古发掘，因为考古发掘是稍后引进陶瓷研究领域的科学方法。陈先生不仅提倡窑址调查，还从古董商手里收购有纪年的器物。比如有一把壶（图一），当时窑工可能正好有时间，或者社会发生变革，就是皇帝改年号。这正好在唐代的时候，窑工制作完瓷器以后，便在瓷壶腹部刻了"会

图一 越窑大中元年题记划花执壶

昌七年改为大中元年三月十四日清明故记之耳"三行文字。那么这种刻字对纪年瓷器的研究是最有价值的（图一）。除了窑工刻字外，还有一种情况就是别人买回去以后，自己用毛笔书写，某某某在哪一年置的物，这种也叫有纪年的瓷器。还有一种纪年也可以，比如说河北定县的一个地方，有两个地宫，施主把施舍的东西埋入其中，有的就有书写纪年，或者地宫里面有块碑，上面也会刻字，这就可以证明时间。或者有的墓葬里面出来的陪葬东西，这个墓主人可能也会有墓志铭。这些都属有纪年的瓷器，是最有研究价值的。陈万里先生在他写的那本书里面就讲到："浙江是青瓷的故乡"。到唐代的时候，又是"南青北白"，"南青"是指浙江。因为青瓷发展的源头是浙江，我们这里离浙江最近，就可以收藏到比较早一点的东西。

中国的瓷器生产，从商代出现原始瓷器到现在，已经有三千多年的历史了。如果从东汉成熟瓷器的烧成来计算，东汉晚期开始到现在也已经有近二千年的历史了。在这个漫长的过程中，应该说始终是以青瓷的生产为主流的。虽然唐代讲到"南青北白"，有点平分江山的意思，但是青瓷依旧是主流。到了宋代，宋代的五大名窑里面，除了定窑生产白瓷，汝窑、官窑、哥窑、钧窑都是属于青瓷系统。青瓷在中国瓷器生产中的主流地位，一直要到 14 世纪开始，才逐渐被景德镇的青花瓷器所取代。那么最早烧成的瓷器，一定是青瓷。为什么？这是因为瓷器的胎和釉使用的原料里面一定含有铁分，而铁分呈现的颜色就是青瓷的颜色。就算是黑瓷也和青瓷有关，它也是以铁为呈色剂。因为整个地壳形成，岩石风化以后，慢慢变成黏土，里面本来就含有三氧化二铝，就是铝的成分，二氧化硅的成分，这些都是瓷器的组成成分。瓷器的胎土其实就是地壳所含成分，它要成为瓷器的颜色主要是里面的铁分，釉色是靠铁来呈现的。胎体和釉都是取之于地壳风化的泥土，里面肯定含有硅酸盐的成分。铝和硅是表现胎骨，它不呈现颜色，那么外面的釉所表现出来的颜色就是铁分的呈色。铁的含量在 3% 以下，它出现的就是青瓷的颜色。如果那个釉里面含铁量比较高，超过 3%，到 4% 或者 9% 及以上，那烧出来的就是黑釉，黑釉和青釉的着色剂都是铁，都属于铁釉系统。所以青瓷就是最早烧成的瓷器。

　　刚才讲的就是为什么最早烧成的是青瓷，因为是铁的呈色。在我国的北方和南方的商代遗址、西周遗址，里面都出土了商和周的原始瓷器。商、周其实包括好几个朝代，周，包括西周和西周之后的东周。东周里面包括两个时期，一个是春秋，一个是战国。春秋战国都属于东周，东周跟西周合在一起称周。所以说商、周时期其实一直要包括从商开始到战国。那么我国的北方地区和南方多个地区都出土了商、周的早期青瓷，包括原始瓷和成熟瓷都属于早期的青瓷。但是迄今为止，只有在南方的浙江德清、绍兴，萧山一带发现了商代和周代的古窑址。到现在为止，尽管在北方也出现了商、周的早期青瓷，那么南方也有，而且南方反而比较多。南方不仅仅是浙江，还有湖北的黄陂盘龙城、江西的清江，都有商代的遗址，也出土了商代的原始瓷器。然而发现窑址的只有在南方，在浙江，特别是德清、绍兴、萧山地区。所以现在有学者认为，北方出现商、周的原始瓷器是南方烧成了产品以后进贡到北方去的。另外，除了商、周古窑址以外，浙江的上虞地区、慈溪地区在东汉时期烧出了成熟瓷器。总的来说，浙江早期的瓷器统称"浙江青瓷"。浙江青瓷经历了从商、周到三国、两晋、南北朝，一直到隋、唐，那么长的历史时期，经过社会的变革，窑艺的进步，最后在晚唐和五代，以烧造秘色瓷达到顶峰。浙江烧成了秘色瓷以后，专门作为进贡之用。浙江慈溪的上林湖地区及上虞地区曹娥江流域烧成的青瓷器都叫越窑，因为古代的时候它属于越国，也叫越州。这种以地名来命名窑场的做法始于唐代。越窑在唐代以后声名鹊起，而且它的地位也是众窑之首。这些我们可以在唐代文人的诗文中看到他们对越窑的褒奖。比如唐代诗人陆龟蒙的《秘色越器》中写道："九秋风露越窑开，夺得千峰翠色来。"从他这首诗里，我们可以知道唐朝已经烧秘色瓷了。唐末徐夤有诗云："捩翠融青瑞色新，陶成先得贡吾君。巧剜明月染春水，轻旋薄冰盛绿云。"诗句中描写了秘色瓷之美。这里有一件秘色瓷，描写秘色瓷的釉色之美就是指的这种颜色（图二）。说到越窑，不得不提唐代茶圣陆羽。他撰写的著作《茶经·四之器》中写到："碗，越州上，鼎州次，婺州次，岳州次，寿州、洪州次。或者以邢州处越州上？殊为不然。若邢瓷类银，越瓷类玉，邢不如越一也；若邢瓷类雪，则越瓷类冰，邢不如越二也；邢瓷白而茶色丹，越瓷青而茶色绿，邢不如越三也。""瓯，越也。瓯，越州上，口唇不卷，底卷而浅，受半升已下。越州瓷、岳瓷皆青，青则益茶，茶作白红之色。邢州瓷白，茶色红；寿州瓷黄，茶色紫；洪州瓷褐，茶色黑，悉不宜茶。"陆羽是从饮茶的角度"褒越贬邢"，其实邢窑也是不错的，但是对于喝茶而言，青瓷最好，越瓯是首选。

原始瓷的整个时代从商代开始，历经西周、东周、秦、西汉一直到东汉的早期。我们先把陶与瓷，就是陶与原始瓷区别一下。一是胎。陶器胎含铁量一般高于3%，瓷器胎含铁量小于3%。二是釉。陶是不上釉的，原始瓷器开始上釉了。三是烧制温度。陶的烧制温度最低可以到六七百摄氏度，陶里面的唐三彩，虽然它用的原料是瓷土，但也属于陶，它的烧制温度是 1050 摄氏度，所以陶器烧制温度比较低，最高大约 1000 摄氏度。原始瓷的烧成温度要达到 1200 摄氏度。所以这三个条件就把陶和瓷区别开来了。最早烧成原始瓷是在浙江。原始瓷从商开始一直要到东汉早期，在进化过程中竟然也烧了一千多年，然后才发展为成熟瓷。瓷器在原始瓷阶段，我

图二 越窑秘色瓷花口碗

觉得值得收藏些战国时期德清、上虞的越窑制品。它主要的器型是仿青铜器，有提梁盉，也有仿乐器的，比如甬钟（图三）、錞于等。仿青铜器造型上面的 S 形的花纹，是戳印的。我觉得收藏原始瓷，战国时期的东西已经不错了，其他时期的东西没有那个时期的精彩。

图三　原始瓷钟

　　下面讲成熟瓷。为什么中国的瓷器是从东汉正式开始的呢？它有几个比较的条件：一是原始瓷上釉比较薄，成熟瓷器上釉比较厚。二是成熟瓷釉表面比较平整，原始瓷一般来说施釉不匀称。三是成熟瓷器完全掌握了还原烟，它的釉色偏青绿，早期的原始瓷烧的是氧化烟，窑炉中氧分多了以后，釉里的铁分和氧结合在一起生成三氧化二铁，釉色就比较泛黄一点，颜色青中泛黄。东汉晚期烧成了成熟青瓷，历经三国、西晋、东晋、南朝、隋、唐，一直到中晚唐开始，瓷器就比较好了。烧成很好的秘色瓷之前，瓷器总的来说多动物的造型，比如说鸡首壶（图四），也有羊首（图五）和鹰首、熊灯、辟邪，还有虎子，谷仓上面也都是动物。很多器物带有盘口，如盘口壶、盘口罐。还有各种烛台、蛙盂。有一种叫"系"的附件，有双系、四系、八系不等。

图四　越窑双鸡首壶

图五　越窑羊首壶

再来看这些瓷片标本。通过底足、支块、垫条痕迹来区别唐早、中、晚期或者五代。在烧瓷初期，没有匣钵，是把器物一个一个垒起来烧，不是很讲究，属于裸烧。当要烧制秘色瓷的时候，就必须有匣钵屏障明火。唐代早期的碗，上釉不能上到底，但为了产量，器物里面垫支垫，将第二个碗放上去，依次类推。这样器物里面就会留下支垫痕迹。那么我们应该知道唐代早期的东西，要么平底、实足，是不可能有圈足的。到了唐代中晚期的时候，开始用匣钵。如果这件东西有圈足了，它就是要放在匣钵里面烧制的。所以，唐代晚期是有圈足的，而且支垫落在圈足上，那肯定是唐代的东西。但是如果支垫不是落在圈足上，而圈足仿金银器足一样外翻的，支垫痕一定落在圈足里面，那肯定不是唐代的，可以考虑是属于五代到北宋早期的。唐代还有一个叫玉璧底碗（图六），在唐代中晚期十分流行，还有一种叫玉环底（图七），其实就是比玉璧狭窄一点。

图六 越窑玉璧底碗

图七 越窑执壶底足

唐、宋瓷器如果做成花口器型、瓜棱器型，这就又多了一个规律可以帮助断代（图八）。通常唐代是四分，四个花口；五代是五个花口，五瓣花；北宋是六瓣花口。其中五瓣花口可以往前移到晚唐，往后挪到北宋早期。那我们来看这件盏托，上面是盏，下面是托，盏是五瓣，托是四卷。再看托的圈足，支垫印痕在圈足端，可以断定它是唐代晚期的（图九）。

图八 越窑花口盘

执壶始于唐代，唐壶的特征是短流且直，把手空间狭窄（由于短颈的缘故），如果壶身起棱，必定四条棱线（图十）。五代，北宋的执壶则颈部加长，使得把手曲折有致，执手空间宽畅，壶流增长、弯曲（图十一）。瓜棱腹器型断代，大致与花口器一致。

图九 越窑花口盏托

图十 越窑执壶

图十一 越窑执壶

越窑秘色瓷八棱瓶 唐

高：21.5 cm　口径：2.2 cm　底径：8 cm

越窑划花人物执壶 五代-北宋

高: 18 cm

越窑鸳鸯注子 五代

高：11.7 cm　长：16.4 cm

越窑秘色瓷碗托 五代

高：13.5 cm　口径：13.5 cm

越窑褐彩云气纹盖罂 唐

高：66.5 cm　口径：19.9 cm　底径：16 cm

越窑海棠式碗 唐

高：10.8cm 口径：32.2cm 底径：11.4cm

越窑熏炉 五代

高：9.8 cm 口径：9.4 cm 底径：13 cm

唐代邢窑白瓷

从收藏的角度来说，收东西最早可以收到唐代。再往前，一是你不容易见到东西，再则制作工艺与烧窑技术也没有那么完美。

中国制瓷业发展到唐代，形成了"南青北白"的局面。"南青"以浙江越窑青瓷为代表，"秘色瓷"是越窑青瓷的顶尖制品；"北白"即以河北邢窑生产的细白瓷为代表，足以与南方越窑青瓷相抗衡的"类银"、"类雪"白瓷器。

先讲邢窑白瓷。邢窑窑址在今河北省内丘、临城、邢台等市、县范围都有发现。自20世纪80年代初，在临城境内首先发现唐代烧白瓷的窑址和出土器物之后，由河北省文物研究所主持，前后三次考古发掘，每次都取得多方面突破性收获。不仅发现了窑炉、作坊、灰坑、窑具等遗存，还出土了不同时期的瓷器及残片成千上万件。邢窑的多彩多姿和极其丰富的内涵也被越来越清晰地展现出来，为深入研究邢窑、全面认识邢窑在制瓷史上的地位提供了实物例证。

中国瓷器自商代创烧原始瓷至东汉烧成成熟瓷，历经三国、两晋、南北朝到隋、唐时期，约二千年来一直是青瓷独大，别无其他色彩。最多是青釉褐斑、青釉褐彩及青釉褐绿彩三大类。此时出现分庭抗礼的邢窑白瓷便具有了划时代的意义。一是打破了青瓷一统天下的局面；二是引领白瓷风尚，讲究器皿洁净，享受"类银""类雪"之美感；三是为日后各式彩瓷的发展奠定了基础。无论釉下彩的青花，还是釉上彩的五彩、粉彩、珐琅彩等，均是需要在白瓷器上操作的。

图一　邢窑玉璧底碗

其实白瓷并非罩了白釉，那只是一种无色透明釉，借助于胎体的洁白，衬托为白瓷。这需要找到含铁量低于 1% 且少杂质的高铝质瓷土，作胎、配釉才能烧成精细白瓷。通常情况下，粗胎细作，即敷一层白色化妆土也能烧成白瓷。

邢窑细白瓷有碗、盏托、长杯、皮囊壶、注子、盖盒和罐等器型。最多的为浅腹敞口碗，碗身呈 45° 角斜出，口缘外部凸起一唇线，足底坦平，中心凹入如脐，形似玉璧状，亦叫玉璧底碗（图一）。此外，有敛口碗，分深、浅两种，圈足较玉璧底为窄，亦称玉环底，也有平底者。又有状作四瓣椭圆花口者，器腹凸起四棱线，圈足呈四曲海棠形长杯。碗托为盘形，托口微高出盘面，矮圈足。曾出土的一件皮囊壶（图二），上部扁形，下腹饱满，平底

图二　邢窑凤首贴花皮囊壶

图三　邢窑"盈"字盒

上有提梁，壶腹左右两侧有线纹凸起，形如皮囊缝合痕，壶肩两面有划花三角形纹饰。曾出土的一件注子，喇叭形口、球形腹、平底，一面有短流，一面有曲柄。另出土的一件罐，圆唇口颈极短，丰肩、圆腹、平底，与唐三彩中的万年壶相似。上海博物馆收藏的一件盖盒，扁平圆体，子母口，平底，满釉支烧，留下三个小支钉痕，中间刻有"盈"字（图三）。上述细瓷胎质细腻，釉色洁白，形容它"白如雪"并不过分。

　　粗白瓷亦以各式碗为多，此外有执壶、枕等。粗碗均敷化妆土，大碗多为平底，小碗多为玉璧形底，外部施釉不到底。用叠烧法，碗与碗之间垫以三角形支具，碗心多残留支具烧痕，大碗底多有白色三角形支具痕，支具以外为火烧色。枕片出土两件，均为小长方形，饰双行篦点纹和褐色斑点。注子器身稍高而瘦，平底。

　　实话实说，收邢窑白瓷当然要收细白瓷的东西，粗白瓷几乎没有什么收藏价值。邢窑细白瓷如何认定呢？从20世纪50年代以来，陕西西安地区就出土了一些带有字款的邢窑白瓷，有罐、碗等器型数件。罐足平底刻"翰林"两字，也有刻"翰林"加"盈"字双款的。碗则出土于唐代大明宫遗址，"盈"字铭刻于玉璧形底心内，这种"盈"字款与上海博物院藏邢窑白釉盖盒基本一致。山西、河北亦出土有"盈"

字款枕及注子、碗等。经考证，"翰林"款是为唐代机构"翰林院"定烧之器，"盈"字则是为内府"百宝大盈库"贡瓷的"标记"。

从对内丘邢窑遗址的发掘成果来看，出土物，一是白釉平足碗底标本。平足内凹，底中心刻"大盈"两字。平足亦称"饼形足"、"实足"，器底无釉，"大盈"刻字清晰记载为"大盈库"定烧器，时间上应为最早的贡器。二是玉璧底碗、罐、粉盒等标本。碗底中心有脐状下凹，状似玉璧形，"好"中施釉，刻一"盈"字。此类玉璧底碗出土常见。罐则平底、无釉，刻"盈"或"翰林"，多见"翰林"款。贡御时间晚于"大盈"平足碗，大约唐中晚期。三是圈足碗、盘底标本。器物圈足，足内无釉，刻一"官"字。邢窑窑址出土的"官"字标本是新发现。过去把刻有"官"或"新官"款白瓷全归于定窑为官府定烧的"标记"，看来应该有邢窑烧的"官"款白瓷。"官"字圈足器的烧制当为晚唐时期。

图四 隋白釉透影杯

以上邢窑考古出土标本，为我们认识唐代碗类器足由饼形足、玉璧形足、圈足的发展序列提供了物证。凡刻此类款字的白瓷属邢窑细白瓷，均值得收藏。

对邢窑的发掘成果还包括：一、在隋代已烧成薄胎透影白瓷碗、杯之类（图四），及烧制细白瓷的匣钵出土。二、隋至唐三彩器标本出土，器型有罐、盘、杯、水盂、三足炉等。彩釉有淡黄、赭黄、深绿、褐红、白色等，色调偏深。近年发现了釉下蓝彩瓷塑标本。这些考古成果为全面认识邢窑提供了证据。

邢窑白釉瓶 唐

高: 14.6 cm 底径: 5.9 cm

邢窑凤首贴花皮囊壶 唐

高：24 cm　底径：10.3 cm

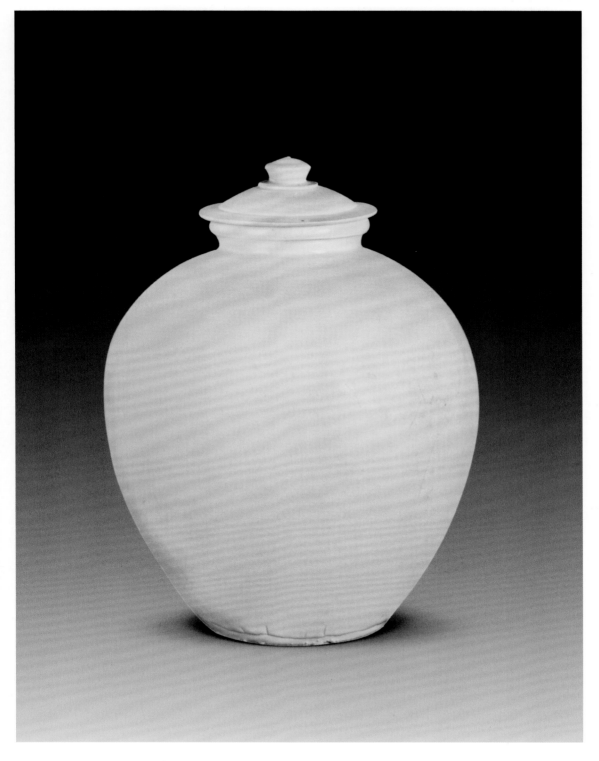

邢窑"盈"字盖罐 唐

高：31.5 cm　口径：9.8 cm　底径：9.5 cm

青花"盈"字瓶 唐

高：16 cm　口径：4.8 cm　底径：5 cm

邢窑白釉水注 唐

高：17.3 cm　口径：7.3 cm　底径：6.4 cm

邢窑盏托（玉环底） 唐

高: 4.5 cm 口径: 10.8 cm

邢窑"盈"字海棠式杯 唐

高: 3.1 cm 口径: 10.4 cm × 8.1 cm

唐代彩绘 色釉陶瓷

唐朝有三讲，第一讲我们讲了唐朝的青瓷，第二讲我们讲了唐朝的白瓷，现在我们讲唐朝的彩绘陶瓷与色釉陶瓷。

按照中国陶瓷发展史，上溯讲到唐代，因为我们主要是为了配合做收藏，要说再早的东西也没什么意思，基本上早到唐代就可以了。

中国制瓷业发展到唐代，形成了"南青北白"的局面。但是我觉得唐代还有一个很重要的品种不可不说。

关于唐代瓷器，也有"南青北白长沙彩"的提法，这里的"长沙彩"，说的就是唐代长沙窑。长沙窑的青釉褐、绿彩瓷器虽也属彩、釉系统，不过将长沙窑和"南青北白"并立，作为唐代制瓷业风貌的代表则不妥。

说到唐代，除了青瓷和白瓷以外，过去我觉得唐三彩是另一个比较重要的品种。那么，是否可以将整个唐代的瓷业成就概括为"南青北白唐三彩"呢？这种说法，依然不够全面。如从彩绘与色釉的角度讲，唐代除了"唐三彩"，还有青花、黄釉、绿釉、青釉褐彩、白地绿彩、花瓷等丰富的品类。可以说，唐三彩不能囊括唐代所有的彩与釉的装饰技法；而唐代的彩、釉装饰技法也并非唐三彩所独有。比如说长沙窑是青釉，还有褐彩（铁呈色）、绿彩（铜着色）绘画，也可以称为三彩，也就是长沙窑三彩。

那么唐三彩与长沙窑三彩有何区别呢？唐三彩是一种低温彩色釉陶器。用白色黏土作胎、成型、烧成；用含铜、铁、钴元素的矿物作釉料的着色剂，在釉里加入很多的炼铅熔渣和铅灰作助溶剂，经过 800 摄氏度的温度釉烧而成。釉面呈深浅不同的绿、黄、蓝加白色，斑驳绚烂，明丽华贵。长沙窑三彩系青釉与彩绘（褐、绿二色）结合，经高温一次烧成的瓷器。

唐三彩器，主要见于随葬的明器。凡是与死者在世时生活有关的器用、建筑、家具、动物和人物等等，无不具备。生活用器有瓶、壶、罐、钵、镂、杯、盘、碗、盂、烛台、枕等十多种，每一种又有许多式样；建筑物既有亭台楼阁，又有花园中堆砌的假山和水榭；家具则有仿木制的箱柜；牲畜有马、驴、骆驼、猪、牛、羊、狗；禽有鸡、鸭；人俑有贵妇人、男女侍俑、牵马（骆驼）胡俑、文吏俑、武士俑、骑马俑（图一）；还有镇墓兽（魌头）、守护天王（捉鬼除魅）等。可以说从人世生活到阴曹地府，面面俱到、包罗万象。其中尤以三彩陶塑的作品最为

图一　三彩腾空骑马俑

成功，动物与人物富有生气，形神俱佳。特别是三彩马、骆驼及各式人物俑、骑马俑等，其艺术造诣极高。若有幸遇之，很值得收藏。

图二　三彩骆驼

唐三彩中比较常见的是白、黄、绿三色釉，而实际拥有的颜色不止三种。唐三彩是一种通俗的习惯性称呼，如果采用比较科学的说法，应该称其为"彩色釉陶器"。这类彩色釉作品，一般选取三种颜色，比如说这匹骆驼（图二），身上就装饰了白、绿、黄三种釉色。由于多采用三种颜色的组合进行装饰，故称"三彩"。除却白、黄、绿三种颜色，有时还会出现蓝色，还有些器物上会出现黑色。目前我们提到的唐代彩色釉已经有黑、白、蓝、黄、绿、褐，还有一种是紫色，非常少见，但确实存在。

中国有一句话叫"三人成众"，而现实生活里，四个人是众，五个人也是众，一大批人则称群众。同样的，说到唐三彩器物，不是说一定只有三种颜色在装饰，四种、五种、六种颜色出现在同一件器物上，都是可能的，我们习惯上都称其为"唐三彩"。

说到这里，大家可能不禁要问："唐代在整个陶瓷发展史上，是一个什么样的局面呢？"我认为，称其为"南青北白唐釉彩（唐代的釉与彩）"最为合适。"唐三彩"的彩色釉，长沙窑的青釉褐、绿彩，唐青花，花瓷等，都可以归属于唐代的彩、釉品种。

唐代的"釉"和"彩"如何区分，也是一个需要说明的问题。器物表面覆盖的玻璃体称为釉。如在器物表层烧成后呈现黄色的，那就是单色釉中的黄釉。那么什么是彩呢？被工匠用来勾划花纹的就叫彩。比如说青花，就是用一种钴料在胎上绘画，经由透明釉显出蓝色图案。用颜料绘画的就叫彩，没有画面的器物表层玻璃体就叫釉。所以唐代釉、彩就包括在一起了，既包括唐三彩，也包括长沙窑的单色釉、多色釉等。唐代的时候，除了青釉、白釉以外，其他的带有各种不同颜色的都叫唐代彩釉制品。釉和彩的呈色剂是一样的，仅有含量多寡的区别。比如蓝釉与青花的呈色剂都是钴料。青花料中的钴含量几乎达到50%以上，而只需1%—2%钴料投入铅釉中即可烧成蓝色釉。

讲唐代的釉和彩的问题，有以下几点值得特别注意：

其一，唐代的时候，釉和彩的发展尤其突出，打破了非青即白的单调格局。其二，唐代的那些釉与彩，特别是唐三彩、低温色釉与二色釉瓷器的发展对后世影响很大。其三，唐代的彩色釉最早使用了钴蓝，钴蓝是一种蓝颜色，唐三彩中的蓝釉就是钴的呈色。现在大家都很追捧的"元青花"瓷器，其青花也是使用钴料。元青花说到底不是中国人喜欢的颜色，但为什么元青花到后来也被大家所认可了呢？因为到了明代和清代，都开始烧青花瓷了，而老百姓最最常用的也就是青花瓷器。元青花往前溯源，最早是在唐代。当时唐青花使用的那个蓝色就是唐三彩里面用作蓝釉的钴料，可以说唐三彩里的那个蓝釉是元青花钴料使用的最早源头。

我开始研究古陶瓷的时候很早，大约在1976年。那个时候我刚进入上海博物馆陶瓷部门。曾经写的一篇文章就是关于唐三彩的，录入在一本中国陶瓷史的基础教育书《陶瓷史话》里，题目就是《瑰丽的唐三彩》，所以我第一个研究的课题就是唐三彩。

在写唐三彩这个题目的时候，我看了很多前人写的书。书里面就会讲黄、绿、白是唐三彩的主要颜色，除此之外里面还有紫色，还有黑的颜色，还有蓝的颜色。

比如说像这种蓝釉（唐三彩里黄、绿、白三色看到很多，蓝釉很少）（图三），黄、绿、白三色在先，然后再有蓝色。

图三　蓝釉南瓜式盖盒

那时候我就想，书上提到唐三彩里面有黑色，就应该要找到黑釉的实物资料。在我翻阅过的书里面，唐三彩中黑釉的实物只找到河南洛阳出土的一匹马。这匹马是黑色的，只有这一件黑釉的马（图四）。这种黑釉用的是什么着色剂呢？其实就是把唐三彩里面的各种颜色混在一起，烧出来就是黑釉。我们白釉也知道了，白色就是什么着色剂也没有的一种铅粉加石末的低温透明釉。然后铁是黄色、褐色，铜是绿色，钴是蓝色。这样一来，黑、褐、黄、绿、白、蓝几种釉色就都有了。前文我们提到，唐三彩中还有个紫色。当时，紫色唐三彩的实物标本我也找了，很勉强在永泰公主墓里面出过一件像碗一样的东西，里面有一圈是紫色。紫色釉真的极其稀有，非常难找。但是我们运气很好，找到了这件东西，是紫颜色的，那个眼睛也是紫的（图五）。紫色的着色剂是什

图四　三彩陶鞍马

么呢？是锰。铜呈绿，铁呈黄、褐，钴呈蓝，锰呈紫色。

图五 三彩兽枕

中国的瓷器一直延续发展到今天，近代有化学工业了，各种颜色都可以调配出来，但化学颜料和古人使用的矿物颜料有着本质的不同。但是在近代化学工业出现之前，整个中国的陶瓷制作，用的都是矿物料，不可能超出这四种呈色剂（铁、铜、钴、锰）的范围，就是一直到明清的彩瓷也是在这个范围里面。因为在没有化工的情况下，不可能人工配置化工料。不过现在我们有很多地方都在仿制，因为有化工，有许多彩瓷用的都是化工料，跟过去用的矿物料不同。有些人现在送过来看的东西，我会说："你这个是新的。"他说："为什么是新的？"我会告诉他："你这个用的是化工料，古代的时候还没有这种颜料。"于是，他就应该明白了。就是因为这个道理，近代化学工业尚未诞生，它是不可能再用其他着色剂配色的。

下面再讲唐三彩的产地，从现在考古发掘来看，以前确实知道有河南的巩县窑烧唐三彩，但是现在巩县已经改名了，叫巩义，现在称巩义市。过去我们一直叫它巩县窑。巩县烧唐三彩，那个地方知道得最早。现在还知道河北邢窑也烧唐三彩，再有陕西铜川耀州窑，唐代的时候烧三彩。西安市近郊老机场附近亦发现了烧唐三彩的窑址。不管发现多少产地，它们都是北方窑口，南方不烧唐三彩。唐三彩属于陶器，不是瓷器。唐三彩的温度比较低。由于各产地都是就地取材，故"唐三彩"中有用"瓷土"作胎，呈色洁白的高档制品，亦有普通黏土成型，呈色淡粉、赭红的成品，这完全是各地用料的不同。

唐三彩还开创了"两次烧成"法。第一次是烧胎，使器物成型，温度大约

1000 摄氏度。烧成了以后，在上面加釉彩，再进窑炉烧低温，大概就是 700—800 摄氏度，最高到不了 900 摄氏度，这是烧釉，所以唐三彩是两次烧成的。在唐三彩以前的釉陶器都是一次烧成的。

陶与瓷的区别，一看用料，二看温度，三听声音。敲上去是"叮叮叮"的金属声的肯定是瓷，"扑扑扑"的哑音就是陶。唐三彩里大部分属于彩色釉陶器，但是胎体如果找到比较好的瓷土，温度亦高，可以烧成"叮当"响的，说明胎体已经瓷化，彩色釉器亦就属于瓷。但是为了不要把它和陶器混淆，总的还是叫它唐三彩，是属于陶的范畴里。

在商代的时候，窑温已经可以烧到 1200 摄氏度了。一般认为烧陶瓷要从陶到瓷的话，一定是先烧成陶，再慢慢到中间过渡烧成釉，陶上面加釉彩变成釉陶，然后再经高温成瓷。中国的情况好像有点不是这样，它先烧成了高温釉，然后再发明了低温釉。低温釉也叫铅釉，因为使之降温的熔剂就是铅。但是国外的两河流域和埃及地区制陶也有釉彩。比如埃及的蓝彩使用很早，但是他们的熔剂不是铅而是锡，是锡釉。中国的低温釉都是铅釉，一直到明清的釉上彩瓷。釉上彩一定是二次烧成的，在白瓷上面绘画后，经第二次彩烧，一定是低温彩。釉上彩瓷第二次烧彩的时候，使它温度能够降低的熔剂也是铅。

大家要注意，瓷器是可以清洗的，是可以泡在水里洗的，陶器不能洗。陶器因为温度比较低，胎体没有烧结，吸了水以后就松软了，就塌掉了，所以陶器不能洗。瓷器可以，瓷器经高温烧了以后，胎体瓷化了，结实了，它不会吸水溶化。

刚才讲了唐三彩各种釉色的呈色原理，以后的釉、彩多是从它延续下来的，它作为一个基础在那时候已经形成了。另外，我觉得唐三彩值得收藏和值得讨论的还有一点，就是唐代的时候中国社会发展非常蓬勃兴旺，那么作为唐三彩来说，它发生在什么阶段？它不是在初唐。整个唐代如果把它分成初唐、盛唐（武则天至唐玄宗的时候就是盛唐），"安史之乱"以后进入中唐，再到晚唐这四个阶段的话，唐三彩的流行就是在盛唐时期。绚丽多彩、雍容华贵的唐三彩足以代表那个时代的繁荣昌盛及浪漫气度。

那么我们再来说一下它们之间的各种不同的品种。同样是三彩的釉，如果你单纯地用一种颜色去做，它可以做成黄釉、绿釉、蓝釉，也叫单色釉。巩县窑烧唐三彩的同时，还有一个品种叫绞胎。绞胎就是取土的时候取了两种颜色：一种颜色比较深，其实是土里含铁量高，它的颜色是赭红；另一种颜色较浅，因为含铁量较低，比如说白色瓷土。两种泥土经炼泥以后，切成薄片，一层白色，一层深色，一层一层叠起来，然后把它绞成各种纹饰，使之成型，这种就叫绞胎。这件枕面绞有非常好看的花纹，然后在绞胎外面再施一层低温釉，不是黄釉就是绿釉（图六）。这种绞胎的东西首先是出在烧唐三彩的窑口，因为唐三彩就是这种釉色。日后亦有传承。

图六 黄釉绞胎枕

绞胎还可以怎么做呢？唐代有一种脉枕，就是把绞好的胎泥切片，成数朵菱形的花贴在枕面，其他地方用的都是普通的陶泥。应当是绞胎泥比较珍贵，它的加工颇不容易，这种都属于陶的范畴，因为它上面只是低温釉（图七），它也烧两次，第一次烧胎，第二次烧釉，和唐三彩的烧制工艺一样。要跟大家说一下，鉴定巩县唐三彩有一个窍门。因为它有一个特点，就是各种颜色都有，我们刚才讲的六种颜色它都有。它还有一个制作上的特征，就是黄、绿釉中间留白处，好像手指印一样（图八），这种留出空白的装饰效果都是巩县窑的特色。

图七 黄釉绞胎枕

比较典型的就是黄、绿、白三色。你看这件，它主要是白的上面加绿彩，但是因为窑口是烧制唐三彩的地方，不经意中也带了黄。其实它本来想生产白地绿彩，是一种两色釉。刚才讲的绞胎的釉是一种颜色，不是绿的，就是黄的，属单色釉。两种颜色属双色釉。最多见三色，四色、五色亦叫唐三彩。

这一件就是唐青花，但这件唐青花也是一个新的发现。最早的唐青花是在巩县烧的，因为巩县唐三彩有蓝釉，同时也烧白瓷，白瓷加蓝彩才有可能烧成青花瓷。巩县生产的唐青花以及蓝釉用料经化验，不是国产的，是进口的。唐代青花瓷主要也是伊斯兰人定烧的。唐青花是外销瓷，不是当时的中国人用的。

图八 巩县窑三彩盖罐

到现在为止，还没有人讲到过在邢窑也烧过唐青花。这件白瓷（图九），它所有的基本条件都符合唐代，然后足底刻有一个"盈"字。唐玄宗的时候有一个"百宝大盈库"，为大盈库定烧的东西，它底下都刻一个"盈"字。那么这件白瓷就是邢窑烧的白瓷，不是巩县的，但就这两者而言邢窑的白瓷要比巩县的好。这一件如果是邢窑的唐青花，那么就有两个地方烧青花了。

图九 唐青花瓶

但是现在整个陶瓷界对这种东西没有认识，发现很少。这里同时有两件都是邢窑的东西。所以我们知道唐青花不仅仅巩县有，邢窑也有。两者烧唐青花的地方都一定烧过唐三彩，并且有蓝釉，因为它要有钴料。陕西唐三彩没有蓝釉，它不可能烧唐青花。这样就比较方便区别，就是有蓝彩的唐三彩，一个是河南的巩县，一个是河北的邢窑。

这件是鼓（图十），也是从西域那边传进来的。通西域以后，许多乐器传入汉地。这种鼓叫羯鼓，用瓷烧成鼓腔，两头要蒙皮，用绳拉紧两端皮面，就可以敲击鼓乐了。

这是河南鲁山段店窑烧的羯鼓，底下黑釉，上面灰蓝斑块，属双色釉，也称"花瓷"。唐三彩基本上都是用来陪葬的，特别是各种俑。那种罗汉就不是一般的官员死了以后陪葬用的，它跟佛教的舍利、寺庙有关，是供佛舍利陪伴地宫的罗汉（图十一）。这一件鼓做成整件唐三彩，蒙在上面的皮都已经做在一起，说明它主要是用来陪葬用的，不是实用的。

图十 鲁山窑花瓷鼓

下面讲唐三彩的鉴定。唐代是公元618年—907年，到现在已经有一千二百多年了，看这一件釉里的铅都已经泛出来了。多年前有一段时间，国外的拍卖行拍了很多唐三彩，货越来越多，越来越好，后来发现原来是中国仿制工艺品太多了，所以现在唐三彩的市场价钱不升反降。这现象怎么看？老的唐三彩釉面泛蛤蜊光，红颜绿色的网状组织类似苍蝇翅膀。反正老的都有，新的则没有，这也是一种鉴定办法。因为这种苍蝇翅是天长日久形成的，由空气中的水分、灰尘、杂质浸蚀釉面，从里面泛出来生成云母片状的那种东西。虽然现在烧出来的东西有的也会做旧，但是很短的时间内做不出来，它没有云母片生成。青花瓷没有"苍蝇翅"，青花是釉下彩，是先画好花纹，再罩釉一次，高温烧成，高温瓷不会出现"苍蝇翅"。

图十一 唐三彩罗汉像

这件是辽三彩的器物（图十二）。辽代接着唐代以后，它相当于跨五代到北宋一段时间。它学习了唐三彩的办法，烧成了辽三彩。辽三彩和唐三彩的不同有几个方面：第一点，唐三彩几种颜色釉流动的时候，互相浸润产生中间色。而辽三彩亦是黄色（褐色）、绿色、白色，它也是三种颜色，在烧的时候互相不流动，黄、绿、白互相不融入，很清晰。但是唐三彩在烧的时候是流淌下来的，斑驳淋漓，形成了中间色。第二点，唐三彩的器型是拉坯成型的，中间没有接痕。辽三彩是模压成型的，两个半边模型粘结，一头装了一个流，另一头装了一个把，那里会有两条竖向接痕。第三点，唐三彩上面加的花纹是贴花，是把泥料倒入模子里面，

图十二 三彩贴花盖罐

压成像饼干一样薄片，然后贴上去，再上彩釉烧成。辽三彩的花纹是在模子内连着器型一起压成。第四点，唐三彩有蓝釉，辽三彩无蓝色。一般来说唐三彩带蓝，价钱要贵很多。所以我们要收藏的话，最好带蓝，因为这个蓝色，牵扯到钴料最早的应用问题，而且当时的钴料都是进口料。

最后讲一下绞胎器与低温釉。绞胎器的制作有两种：一种是两色胎泥绞成花纹，切片后贴在以陶土成型的枕面；另一种是把绞成花纹的胎泥拉坯成型，通常为小件器所用。二者都经烧胎定型，然后施黄釉或绿釉，再第二次低温釉烧制而成。陕西乾县李重润墓曾出土了一件绞胎黄釉骑马射猎俑，这是马匹与人体大面积绞胎的大件陶塑艺术品（图十三）。

图十三 绞胎骑马射猎俑

绞胎罐 宋

高：9.5 cm　口径：5 cm　足径：6 cm

三彩油灯 宋

高：17 cm

三彩塔式罐 唐

高：68 cm

三彩罗汉像 唐

高：48.9 cm

三彩骆驼载舞俑 唐

高：66.5 cm

三彩马俑 唐
高：54.3 cm

封面故事

　　此件鹿形熏炉是最近从日本回归的汝窑传世品。原系清宫收藏，附有内府造办处的包装囊匣。

　　宋人谓之"出香"。徐兢，宣和六年出使高丽，就其见闻所及，著成《宣和奉使高丽图经》载："狻猊出香亦翡色也，上有蹲兽，下有仰莲以承之，诸器以此物最为精绝。"

　　河南宝丰清凉寺汝窑遗址曾出土此类"出香"炉瓷片标本，蹲兽见有盘龙、狮子、鸳鸯、狻猊之类。

　　此炉盖，上塑"鹿衔灵芝"卧像，炉身印花仰莲相承，下接高足。卧鹿中空，身镂小孔八枚，围有花瓣，寓意梅花斑纹，兼做炉内焚香出烟孔。熏炉满施淡天青釉，密布细碎纹片。盖内、足里各遗存"芝麻钉"痕五枚。每每与汝窑制作工艺相符。

　　这件鹿形"出香"为海内外传世汝窑中的孤品，精绝之至。

汝窑鹿衔灵芝出香炉

统高：33.6 cm

这是一个为你而来的故事……

本来这本书的封面是另有其物的。那也是一件非常精美的汝窑器，在本书的第 50 页。后来范老师说她知道民间还有一件刚刚从海外回归的汝窑传世品。在给我们看了故宫博物院做的一本图录里的那件器物后，顾伟社长当下决定我们这本书的封面改用此件鹿形熏炉，并即刻派我们去北京的藏家那里进行拍摄。

这件鹿形熏炉的完整回归，前后时隔 10 个月，当初故宫博物院做的那本图录里仅录入了这件器物的炉盖部分。今天我们有幸拍摄到这件珍宝的完整图像，并制作成 3D 交互式全景图首发，让读者可以 720° 无死角地赏析这件精美绝伦的传世佳品，实在是大家莫大的福气。

时空穿越，眼前仿佛乾隆皇帝正在养心殿把玩这件鹿形出香，看着香烟从那几个四周镶着花瓣的小孔里轻轻飘出……我随手拍了放在一边装这件器物的锦缎匣子，殊不知这便是清宫内府造办处配置的包装匣囊，且与器物一起传世至今。

这是一个真实的故事，相信它将改变你、鼓舞你、教会你、挑战你，并有可能成为你生命中的一部分……

感谢范冬青老师无私贡献的手记！
感谢金羽轩、澹虑堂、阿呼斋的藏家为本书提供实物拍摄！
感谢吕成龙先生拔冗为本书作序！

编　者
2018 年 6 月 13 日

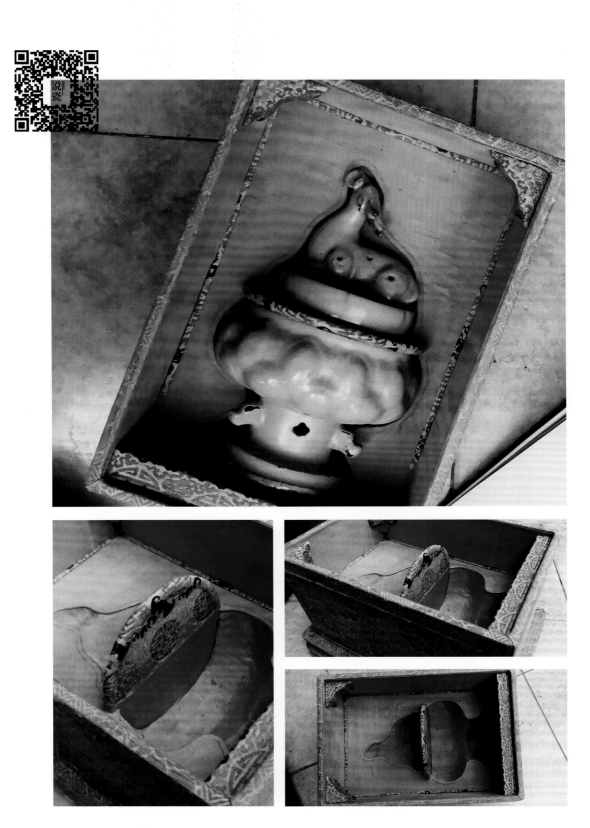

后记

　　这本小书共计"十三讲"。记述了自唐代以来，直至宋代中国古陶瓷的窑口、特征及其鉴定要点。目的是为了给近些年中国的收藏热提供一些建设性的建议。书中所记载的，是我近几年来在上海华侨收藏协会和上海澹虑堂，为古瓷爱好者上课时所作的讲稿手记。因此，内容基本上是普及的，也是通俗易懂的。为广大的古瓷爱好者提供一个看得见的入门向导。同时也收了近年来一些其他文章，以求同道批评与指教。

　　在本书的撰写过程中，得到了华侨收藏协会及澹虑堂、金羽轩等民间收藏团体的大力支持。特别要感谢陈建方先生、唐莉娜女士在文字记录与整理上花费了极大的功夫。同时也要感谢北京阿呼斋不吝其珍贵藏品为小书封面提供三维的实物拍摄。

范冬青

2018 年 5 月 于洛杉矶

图书在版编目（CIP）数据

说瓷／范冬青著 —上海：上海人民美术出版社，
2018.7
ISBN 978-7-5586-0966-4

Ⅰ.①说… Ⅱ.①范… Ⅲ.①瓷器(考古)-鉴定-中国
Ⅳ.①K876.34

中国版本图书馆CIP数据核字（2018）第130300号

说　瓷

出 版 人：顾　伟
著　　者：范冬青
整　　理：唐莉娜
统　　筹：陈建方

责任编辑：戎鸿杰
审　　校：邓　卫
封面设计：译出文化
装帧排版：刘树琪
摄　　影：孙连丰
技术编辑：程佳华
出版发行：上海人民美术出版社
　　　　　（上海长乐路 672 弄 33 号）
　　　　　邮编：200040　电话：021-54044520
网　　址：www.shrmms.com
印　　刷：广西昭泰子隆彩印有限责任公司
开　　本：787×1092　1/16　15 印张
版　　次：2018 年 7 月第 1 版
印　　次：2018 年 7 月第 1 次
书　　号：ISBN 978-7-5586-0966-4
定　　价：108.00 元